Paris

1869

Cochin, Augustin

La Ville de Paris et le Corps législatif

L7K
14629

LA VILLE DE PARIS

ET

LE CORPS LÉGISLATIF

PARIS. — IMP. SIMON RAÇON ET COMP., RUE D'ERFURTH, 1

LA

VILLE DE PARIS

ET

LE CORPS LÉGISLATIF

PAR

AUGUSTIN COCHIN

MEMBRE DE L'INSTITUT

ANCIEN MAIRE ET ANCIEN MEMBRE DU CONSEIL MUNICIPAL DE PARIS

PARIS

CHARLES DOUNIOL, LIBRAIRE-ÉDITEUR

29, RUE DE TOURNON, 29

Et dans toutes les librairies

—

1869

LA VILLE DE PARIS

ET

LE CORPS LÉGISLATIF

Mémoire à l'Empereur et *Rapport au conseil municipal*, 1868, par M. le sénateur préfet de la Seine. — *Rapport sur le budget de 1869, présenté au conseil municipal*, par M. Dewinck. — *Rapport présenté au Corps législatif au nom de la commission chargée d'examiner le traité de la ville de Paris avec le Crédit foncier*, par M. du Miral, 1868.

La transformation de Paris était une œuvre nécessaire, inévitable. Elle a été exécutée avec une habile énergie, qui fait honneur au gouvernement, au préfet de la Seine, à la commission municipale.

Mais, dans l'exécution, il a été porté de graves atteintes aux prescriptions de la loi et aux finances de la ville.

Ces fautes ont une seule et même origine, l'organisation dictatoriale de la préfecture de la Seine, l'absence d'un contrôle suffisant.

Le seul contrôle efficace autant que légitime, en matière de dépenses municipales, est le contrôle d'un conseil élu directement par les habitants.

Je voudrais établir fortement ces quatre points, au moment où le projet de loi destiné à approuver l'emprunt fait par la ville au Crédit foncier, ramène la discussion sur l'ensemble des affaires de Paris.

De mes quatre propositions, la deuxième et la troisième seront accordées sans difficulté. Sur les fautes de l'administration parisienne et sur la nécessité de soumettre à un contrôle plus sérieux la gestion de si vastes intérêts, il semble que tout le monde soit d'accord.

Au contraire, quand je loue dans son ensemble la transformation de Paris, commencée par la monarchie de 1830 [1], continuée par la république de 1848 [2], étendue et poursuivie avec la plus grande vigueur par le gouvernement de l'Empereur, quand je propose de rendre aux Parisiens le droit d'élire leur conseil municipal, je sais que je heurte de front les opinions les plus répandues.

Quelle est, en effet, l'opinion générale sur les affaires de la capitale de la France?

Disons-le en toute sincérité, l'administration de Paris et la population de Paris sont environnées d'une égale et injuste impopularité.

[1] Restauration de Notre-Dame, du Louvre, de l'Hôtel de Ville, rues de Rambuteau et de Constantine.

[2] Lois du 4 octobre 1849, du 4 août 1851.

On les regarde, l'une aussi bien que l'autre, comme des puissances dangereuses, adonnées par système et avec désordre, l'une à la démolition des édifices, l'autre à la démolition des gouvernements. Par un habile effort, on a réussi à tourner ces deux accusées l'une contre l'autre, si bien que, déchirées par l'opinion, elles se déchirent encore mutuellement. Paris est l'endroit où il se dit le plus de mal de l'Hôtel de Ville, et c'est à l'Hôtel de Ville qu'on dit le plus de mal des Parisiens.

L'administration et la population étant ainsi attaquées, écrasées à l'envi, dans la presse, dans les Chambres, à la ville et en province, on cherche le moyen de les destituer toutes les deux, le moyen d'ôter au préfet de la Seine son omnipotence sans rendre aux Parisiens leurs droits.

Ce moyen, proposé par la commission du Corps législatif chargée d'examiner l'emprunt de la ville de Paris au Crédit foncier, consiste à soumettre, en tout ou en partie, le budget de Paris à l'examen et à l'approbation du Corps législatif.

Une réforme si importante introduite dans une loi de finances rend l'objet principal de cette loi tout à fait accessoire. La ville de Paris a d'ici à dix ans cinquante millions par an à rembourser; au moyen du traité proposé, les remboursements seront répartis sur soixante années et réduits à vingt et un millions cinq cent mille francs par an, avec faculté d'anticipation. Ce traité est évidemment prudent : je laisse aux financiers à examiner s'il est avantageux, quelles en sont les conditions, quelles en seront les conséquences.

Mais il peut sortir de cette transaction financière tout un nouveau système d'organisation municipale; le contrôle du Corps législatif peut remplacer à la fois le contrôle du ministre de l'intérieur et le contrôle du conseil municipal. L'objet direct de la loi s'efface devant cette proposition incidente, bien autrement grave qu'une question d'emprunt et de remboursement, car, si elle était acceptée, elle consacrerait un déplacement de pouvoirs exorbitant, une exception énorme aux règles générales du droit français en matière d'administration communale.

Sans doute, le contrôle du Corps législatif vaut mieux que l'absence de contrôle; sans doute, ce contrôle est à sa place toutes les fois que la ville de Paris, mineure comme les autres communes de France, a besoin d'une loi pour être autorisée à acquérir, à vendre, à emprunter. Mais ce n'est pas de ce contrôle nécessaire qu'il est ici question.

On assure que M. le préfet de la Seine et la commission législative sont d'accord pour proposer de soumettre chaque année à l'approbation du Corps législatif le budget de la ville de Paris, qui est actuellement approuvé par décret. Cet accord m'étonne, et je me demande si M. le préfet et M. le rapporteur entendent exactement sous ce nom de *contrôle*, que tout le monde accepte, une seule et même chose. Je me permets d'en douter.

Quel est le contrôle que M. le préfet veut remplacer et renforcer? Celui du ministre de l'intérieur. Un fonctionnaire si expérimenté connaît à fond les lois administratives, il veut que le droit *d'ap-*

probation, qui appartient au ministre, appartienne à la Chambre : le même droit, ni plus ni moins. Or, ce droit consiste uniquement à examiner si le budget est régulier, si les dépenses *obligatoires* y sont toutes portées et si les dépenses *facultatives* y sont représentées par des ressources suffisantes et régulières, nullement à modifier l'économie du budget et à en discuter les sections ou les articles. C'est, comme on dit à la Cour des comptes, un arrêt de conformité aux lois et règlements.

Le rapporteur de la commission et les honorables auteurs des amendements entendent que la Chambre *voterait* le budget de la ville exactement comme le budget de l'État, c'est-à-dire que la Chambre serait le véritable conseil municipal de Paris, élu par la France. C'est ce que le rapporteur, M. du Miral, exprime nettement (p. 25), et à la page 30, examinant un amendement signé par 27 députés pour obtenir l'abaissement de l'octroi sur le vin, M. le rapporteur déclare que l'État et la ville ont fait à cet égard des promesses pour un prochain avenir, et il ajoute : « Il dépend de vous de le hâter en adoptant les résolutions que nous vous avons proposées. »

Ainsi, l'examen du Corps législatif est un contrôle de détail dont le premier intérêt, on n'en fait pas mystère, serait d'attaquer l'octroi.

Il importe de sortir d'une formule équivoque.

Qu'entend-on par le contrôle du Corps législatif? Est-ce un contrôle de forme mis à la place du contrôle *du ministre?* Est-ce un contrôle de détail, comme celui du *conseil municipal ?*

Dans le premier cas, le contrôle du Corps législatif sera illusoire, de pure forme, et la mesure proposée n'aura pour effet que de grandir encore le pouvoir préfectoral que l'on voudrait diminuer. Ayant à rendre compte aux Chambres, le maire de Paris devient ministre, et il aura entrée à la Chambre.

Dans le second cas (et comment douter que les représentants de la nation ne passent pas promptement et forcément du premier cas au second?) le contrôle du Corps législatif sera sérieux, détaillé, pénétrant, sans limites, et, dans cette hypothèse, l'administration de la ville deviendra de plus en plus difficile et à peu près impossible. C'est la province jugeant Paris.

Dans l'un et l'autre cas, c'est surtout et d'abord la destitution des Parisiens prononcée pour jamais. Investis de ce droit de mettre la main dans les affaires de Paris, jamais les députés de la province ne s'en dessaisiront. Privés par une loi nouvelle du droit d'intervenir dans les affaires de leur ville, jamais les Parisiens ne le recouvreront.

Ils ont été expropriés de leurs maisons, ils sont pour toujours expropriés de leurs droits; la première expropriation peut se défendre et elle est bien payée; la seconde est consommée sans nécessité prouvée et sans indemnité possible.

Enfant de Paris, mêlé à ses affaires municipales par mes traditions de famille, par mes fonctions, par mes goûts, depuis que je suis entré dans la vie publique, je ne puis laisser passer sans discussion cette dépossession irrémédiable.

Je crois toujours que le contrôle de celui qui dépense est bien placé dans les mains de celui qui paye ; c'est une règle fondamentale et sacrée du droit des peuples libres. Je crois aussi qu'avec des précautions faciles à indiquer, l'exercice du suffrage universel pour l'élection du conseil municipal de Paris ne présenterait pas les dangers qu'on redoute. Je crois enfin que les Parisiens sont trop sévères pour l'Hôtel de Ville, et que l'Hôtel de Ville n'est pas juste envers les Parisiens, et je voudrais les réconcilier.

Je le répète, mes opinions courent grand risque de ne plaire à personne et de se briser contre des partis-pris puissants. Je compte sur l'attention de quelques esprits calmes, qui ne se demanderont pas à qui je puis plaire ou déplaire, mais uniquement si ce que je dis est vrai et si ce que je réclame est juste.

I

LA TRANSFORMATION DE PARIS.

LA TRANSFORMATION DE PARIS.

Depuis que la loi a retiré aux habitants de Paris le droit d'administrer leur commune, ce droit a été repris par tous les passants. Il n'est pas un promeneur qui n'ait son avis sur les opérations de l'administration parisienne. Ce qui se dit devant une maison qui tombe sous le marteau du démolisseur est le résumé de tout ce que l'on entend dans les salons, de tout ce qu'on peut lire dans les journaux, enfin de toutes les discussions législatives, sur l'ensemble de la transformation de la capitale de la France. Qui n'a entendu ce dialogue :

« Pourquoi donc jeter bas cette maison? Elle aurait encore duré longtemps. C'était bien inutile. Et quel désagrément! La rue n'est plus praticable, et comme c'est laid! »

Intervient le propriétaire :

« Ah! monsieur, vous parlez de ma maison. C'était la demeure de mes ancêtres; là mourut ma mère, là naquirent mes enfants. On me l'a prise de force. Il n'y a plus de respect pour la propriété ni pour la famille. Un seul homme décrète, estime, occupe, congédie, abat. Oh! il me la payera cher! »

Le promeneur poursuit son chemin et, six mois après, il revient. Une nouvelle maison est presque achevée. Un nouveau dialogue s'établit :

« Il faut convenir que cette maison neuve a meilleure façon que l'ancienne. Et puis la rue est plus large, et c'était bien désirable. On passe, on respire, on voit clair à présent.

— Oui, monsieur, répond un autre passant, mais toutes ces maisons se ressemblent. L'ensemble est laid. Un seul plan monotone obéit à une seule main. C'est fait trop vite. Comme cela doit coûter cher! La ville se ruine et personne ne peut l'empêcher. Puis tous ces travaux agglomèrent les ouvriers. Gare aux révolutions! Comment laisser à un seul homme la faculté de tant dépenser et de compromettre le repos public! »

Ces entretiens familiers résument des arguments qu'il est facile de traduire en un langage plus grave. Les reproches que l'on adresse à la grande œuvre de la transformation de Paris se réduisent à ceci :

Elle n'était pas nécessaire, et *elle a été mal exécutée.*

Réfutons d'abord ces deux assertions avant d'en venir à l'examen des chiffres.

Dans les très-nombreuses et très-intéressantes communications que M. le préfet de la Seine, sentant bien qu'il a le devoir de rendre des comptes qu'on n'a pas le droit de lui demander, adresse au public, ce fonctionnaire habile n'a pas, selon moi, assez insisté sur la nécessité de l'œuvre confiée à son zèle. Il s'est toujours plu à la rattacher à une grande pensée. Il s'est abrité et serré de près derrière la responsabilité impériale, il s'est représenté comme l'exécuteur d'un plan tracé par une main souveraine, il a laissé croire qu'il obéissait à une magnifique fantaisie de la toute-puissance, comme un artiste qui exécute un monument sur la commande d'un roi. J'aime à reporter jusqu'aux souverains des peuples le mérite de ce qu'ils ordonnent pendant que la couronne royale est un instant posée sur leur tête. Mais sachons aussi nous souvenir que nous obéissons à quelqu'un de plus grand que les rois, et sans rien mêler de trop sacré au travail des maçons de nos boulevards, rappelons-nous que nous obéissons ici-bas à des nécessités imposées par ce que l'on est convenu d'appeler *la force des choses*. La construction du palais de Versailles fut un caprice royal, mais la transformation de la ville de

Paris étoit une de ces œuvres qui, arrivant à son heure, se seroit imposée à tous les règnes, et ne pouvait être ni évitée ni différée.

Paris n'est pas l'œuvre d'un souverain, Paris est l'œuvre de l'histoire et de la nature.

Il suffit de regarder la carte du monde pour constater qu'une loi de nature conduit les hommes à se grouper et, ainsi serrés les uns contre les autres, à traverser la vie comme on traverse le désert, en grande caravane. Par une autre loi de nature, le rôle des villes dépend de leur situation. « Ce n'est ni au hasard ni à un caprice de la fortune que Paris doit sa splendeur. L'emplacement de Paris a été préparé par la nature, et son rôle est une conséquence de sa position, » dit M. Élie de Beaumont dans son admirable *Introduction* à la Carte géologique de la France[1]. C'est par un instinct très-exact que nos ancêtres avaient appelé *Ile-de-France* le bassin dont Paris est le centre. Tout le beau territoire de notre patrie, si bien assis carrément à l'occident de l'Europe, si bien encadré, présentant au midi des terres plus élevées qu'au nord, et jouissant ainsi à peu près sur toute sa surface de la même température moyenne, peut être divisé en deux parties, l'une haute, l'autre basse, le sommet et la vallée, avec deux pôles, l'un en relief, froid, sauvage, aride, d'où s'écoulent les rivières, d'où émigrent les hommes : l'autre en creux, tempéré, gracieux, fertile, vers lequel se dirigent et se concentrent les courants, les routes, les populations. « Le Cantal représente le « pôle saillant et *répulsif*; le pôle *attractif* vers lequel tout converge,

[1] Pages 25 et suivantes.

« c'est Paris[1]. » La nature a doté par surcroît cet emplacement d'un sol fertile et d'excellents matériaux de construction ; il est environné de pays qui produisent le blé, le vin, le bois ; un fleuve abondant et tranquille les lui apporte ; régulier dans son cours, constant dans son niveau, servi et grossi par des affluents nombreux, il s'élargit et rencontre à peu de distance, à l'ouest, la mer, limite et rempart de la France, grande route ouverte aux relations de Paris avec le reste du monde. A l'est, des crêtes saillantes, formées par les extrémités des couches géologiques les plus solides, tournent parallèlement les unes aux autres autour de Paris, laissent passer à travers de défilés creusés par les révolutions du globe les rivières qui convergent vers ce centre commun, et l'environnent de six lignes naturelles de défense ; les mêmes noms qui signalent sur la carte géologique des sommets ou des défilés, marquent sur la carte militaire des victoires et des noms historiques, Montmirail, Valmy, l'Argonne !

Lisez maintenant les annales de l'histoire de la France, elles sont en même temps les annales de l'histoire de Paris.

L'unité territoriale de la nation a fait l'importance de la capitale, l'unité politique a fait son rôle dans le pays, l'unité de la langue, du goût, de l'esprit national, a fait son influence dans le monde. Les fondateurs de la France sont les fondateurs de Paris, Clovis, saint Louis, Philippe Auguste, Louis XIV, Napoléon ; chacun de ces grands souverains n'a pas gravé seulement dans les monuments sa date et l'empreinte de son génie ; chacun a mené à sa suite un groupe par-

[1] Élie de Beaumont, *ibid.*

ticulier de population qui s'est ajouté à d'autres groupes, comme les couches superposées d'un même sol : celui-ci la population des métiers, des couvents et des écoles, celui-là la population des palais, des hôtels et des musées, presque tous la population des bureaux et des casernes. Il n'est pas de province qui n'ait transporté, en outre, à Paris, à toutes les époques, une colonie de ses habitants, tandis que le goût, les arts, les idées, en un mot l'esprit de Paris, allait aussi coloniser en province, en sorte que Paris est devenu la ville la plus nationale de la France et comme une représentation abrégée du pays tout entier, ainsi qu'on le disait d'Athènes, la Grèce de la Grèce.

Toutes ces causes *spéciales*, tirées de l'histoire, n'ont fait que s'ajouter aux causes *générales*, tirées de la nature, causes qui influent sur le développement de *toutes* les villes et non pas seulement de Paris, parce qu'elles dérivent de penchants qui sont communs à tous les hommes et non pas seulement aux Français, et de circonstances qui caractérisent notre siècle et non pas seulement notre pays.

Au commencement de ce siècle, Paris, Londres, Vienne, Berlin, Madrid, Rome, Turin, Saint-Pétersbourg, étaient, toutes ensemble, peuplées par 2 millions d'habitants. En 1868, environ 8 millions d'êtres humains ont choisi pour demeure ces points prédestinés du globe. Pendant la même période, le nombre des habitants de l'Europe a doublé à peu près; le nombre des habitants des capitales a plus que triplé. Ce fait est indépendant des régimes politiques, puisqu'il se produit à New-York aussi bien qu'à Paris, à Genève aussi bien qu'à Rome. Il est indépendant des lois restrictives, car les rois et les parlements ont multiplié les édits pour empêcher d'agrandir Londres ou Paris ; Paris et Londres n'ont pas cessé de grandir. Il est indépendant des obstacles naturels ; l'incendie, la famine, la peste, le choléra, n'ont pas ralenti le mouvement de la population qui, de 1800 à 1868, à Londres, a monté de 900,000 habitants à 3 millions, et à Paris de 500,000 habitants à 2 millions.

Le tableau de la population des arrondissements en 1840 et 1866, dressé par M. de Lavergne, prouve que, dans toute la France, les arrondissements où le nombre des habitants s'est accru renferment des villes importantes. Le dernier *census* de la population de l'Angleterre, publié en 1863, établit que le même déplacement s'opère chez nos voisins ; ils deviennent citadins ; entre 1851 et 1861, l'accroissement de la population s'est, pour les trois quarts, effectué dans les villes.

Quoi que l'on puisse penser de ce fait si grave, quoi que l'on puisse dire des circonstances accessoires qui accélèrent ou entravent sa réalisation, il faut l'accepter comme un fait naturel, général, irrépressible. Sans métaphore exagérée, on peut écrire que les hommes obéissent à deux lois de déplacement, une loi d'*émigration* qui les porte vers les régions les moins habitées, une loi d'*agglomération* qui les attire vers les centres les plus peuplés, et ces centres exercent une attraction véritable, à peu près proportionnelle à leur volume et au carré des distances, plus forte quand les villes sont grandes et quand les distances sont petites.

Or cette loi devait parvenir à son maximum d'intensité pré c isé ment à l'époque où toutes les distances ont été abrégées, je parle des distances matérielles et aussi des distances morales. Quatre obstacles existaient, ces quatre obstacles ont été levés à la fois, très-heureusement levés, et s'il en résulte un certain mal par l'agglomération des habitants dans les villes, ce mal est la rançon d'un bien immense.

Le premier obstacle était l'ignorance. Plus instruits, les hommes cherchent le lieu où ils peuvent s'instruire encore ou tirer parti de ce qu'ils savent.

Le second était le système réglementaire, qui s'opposait à la liberté du travail; plus libre, l'homme choisit l'endroit où il lui plaît d'exercer sa profession.

Le troisième était l'enfance de presque toutes les industries autres que celles qui se rattachent à l'agriculture; Lebon est mort en 1802, Jacquart n'a été compris qu'en 1808, Fulton est mort en 1815, Stephenson en 1830; il n'y avait pas de grande industrie à Paris du temps de Lavoisier, et les villes ont été les écoles de ces applications si récentes de l'esprit humain; en même temps que l'emploi des grands moteurs mécaniques substituait le travail aggloméré au petit atelier.

Le quatrième obstacle enfin, et le plus considérable, était l'absence ou l'insuffisance des voies de communication. Ici l'application de la loi qui attire les hommes vers les villes en raison de l'abréviation des distances prend une rigueur presque mathématique, et elle peut s'énoncer ainsi .

La surface occupée par la capitale d'un pays augmente proportionnellement à la surface occupée par les voies de communication dans ce pays.

Suivez l'application de cette loi dans l'histoire de Paris :

Avant Philippe Auguste, la grande route de Paris, c'est la Seine ; l'enceinte de la ville enferme seulement 252 hectares. C'est l'époque où les papes sont obligés de promettre des indulgences à qui bâtira des ponts, comme les rois conféreront plus tard la noblesse à qui creusera des canaux.

Jusqu'à Henri IV, les routes en France sont encore bien peu nombreuses. Cependant il existe un *Guide de* 1553 qui énumère 98 *grands chemins en terrain naturel.* L'enceinte de Paris enferme 507 hectares ; elle a *doublé* seulement en quatre siècles.

De Henri IV à Louis XVI, Sully a été grand voyer de France, Colbert a stimulé les intendants ; Trudaine, Perronet, Turgot, ont créé le service des ponts et chaussées ; plus de 40,000 kilomètres de routes ont été ouvertes. La surface occupée par Paris est déjà de 1,307 hectares sous Louis XIV, et quand on élève, en 1786, le mur d'enceinte de l'octroi, cette surface est de 3,370 hectares. En deux siècles, la ville a *quintuplé.*

Au dix-neuvième siècle enfin, la France achève les canaux ; le réseau des routes impériales et départementales est porté à plus de 80,000 kilomètres, sans parler des chemins vicinaux ; plus de 20,000 kilomètres de chemins de fer, qui mettent Paris en communication non plus seulement avec la France, mais avec l'Europe, et, par la navigation des ports, avec le monde, sont exécutés en vingt ans. L'enceinte de Paris, y compris les faubourgs, partie intégrante de la ville, passe de 3,370 hectares à 7,802; elle a plus que doublé en soixante années. Et par une coïncidence tout à fait involontaire et très-frappante, à quelle époque sera terminé le troisième réseau des chemins de fer en France? Vers 1870. A quelle époque sera terminé le troisième réseau des rues dans Paris? Vers 1870. Ainsi le centre se sera transformé exactement dans le même temps que les rayons. Un fleuve a fondé Paris, les routes l'ont décuplé, les chemins de fer l'ont centuplé. C'est une loi mathématique.

Ne me demandez pas ce que tant d'hommes viennent chercher dans les villes. Ils y cherchent évidemment ce que nous cherchons tous, le bonheur, qu'ils le placent d'ailleurs dans le bien ou dans le mal, dans le plaisir ou dans la paresse. La vie humaine est très-lourde, l'espèce humaine n'est pas très-heureuse ni très-intelligente, on en conviendra. S'il est un lieu habité par le petit nombre des hommes qui peuvent ajouter au bonheur des autres hommes, les amuser, les instruire ou les enrichir, s'il est un lieu où il se distribue plus de fonctions et plus de salaires que partout ailleurs, comment empêcher les pauvres mortels de s'y précipiter? Y rencontrent-ils le bonheur qu'ils poursuivent? C'est une autre question. Mais ils croient l'y trouver, et ils se mettent en route.

Oh! je comprends les inquiétudes des moralistes, les gémissements des poëtes, les objections des économistes, les impatiences des vieux habitants, les appréhensions des hommes d'État.

Paris se peuple et la France se dépeuple, la tête est trop grosse pour le corps, *le trône est sur un barillet de poudre*, voici ce que j'entends dire aux hommes de mon temps, et ils font écho à ce que disaient déjà Mirabeau et Sully.

Je vois aussi sur les piédestaux de la place de la Concorde les statues des grandes villes de la province, Bordeaux, Marseille, Lyon, Rouen, Lille; on dirait que chacune de ces grosses figures allégoriques cherche à se dilater, jalouse de devenir un nouveau Paris.

> Elle qui n'était pas grosse en tout comme un œuf,
> Envieuse, s'étend et s'enfle et se travaille,
> Pour égaler l'animal en grosseur
> Disant : Regardez bien, ma sœur!...

Je suis trop poli pour ajouter le reste de la fable, et je me borne à répéter piteusement ce mot que le vieux Lanoue écrivait dans ses *Discours politiques et militaires*, il y a bien longtemps, en 1587 :

« Les grosses cités, que font-elles, sinon tirer tous les profits qu'elles « peuvent, sinon faire bruire leurs priviléges, et jeter sur le pauvre « peuple champêtre toutes les charges et les misères, lequel, étant « encore pincé par la subtile main des financiers, c'est merveille de « quoi il subsiste ? »

Je crois tout cela, je pense tout cela, mais je ne me demande pas si le fait que je constate est un bien ou un mal, j'établis que ce fait est, je le répète, un fait, général, naturel, irrépressible.

Il est très-vrai que, sans pouvoir le réprimer, on peut du moins le ralentir, ne pas l'accélérer.

Mais il y faudrait l'effort de tous les pouvoirs publics, de toutes les volontés particulières. Personne ne s'est employé à cette œuvre patriotique, et je ne vois que des complices, même parmi les accusateurs. Comment, pour choisir deux exemples saillants, comment expliquer les mécontentements des défenseurs de la grande industrie et des députés de la France? Ils se plaignent d'un mal qu'ils ont fait, d'un excès qu'ils pouvaient plus que personne contribuer à arrêter.

J'ai dit que l'une des causes du brusque et prodigieux développement de Paris était le brusque et prodigieux développement de l'industrie, et cela est incontestable. Si l'on veut bien ouvrir la dernière enquête de la Chambre de commerce, un de ces documents de premier ordre qui ont si peu de lecteurs, on verra que la population a augmenté surtout dans les quartiers industriels et surtout par les ouvriers[1]. Pourquoi la grande industrie aime-t-elle à s'établir à

[1] En 1806, il y avait dans la banlieue. . . . . 13,227 habitants.
En 1841. . . . . 114,315 —
En 1856. . . . . 351,596 —
En 1859. . . . . 438,551 —

De 1851 à 1856, entre deux recensements, la population de Paris *intra muros* s'était accrue de 11 pour 100, celle de la banlieue comprise dans l'enceinte fortifiée de 63 pour 100.

Paris? Il y a plusieurs motifs, les uns bons, les autres mauvais, que je n'ai pas à discuter ici. Je constate encore le fait.

Or, mon illustre confrère, M. Michel Chevalier, dans le grand *rapport*, si remarquable, sorte de discours sur l'histoire universelle de l'industrie humaine, par lequel s'ouvre la série des rapports sur l'Exposition de 1867, établit que l'industrie s'établit en raison de la densité de la population (p. 392); il s'élève avec force contre les obstacles qui sont apportés, selon lui, par l'administration municipale, à la libre expansion de l'industrie dans Paris (p. 271), et il y revient encore (p. 516); il admire (p. 371) « les travaux gigantesques qui ont fait de Paris la plus belle ville du monde ; » il demande qu'il soit construit des chemins de fer métropolitains (p. 392), à cause « de la nécessité, dit-il, de diminuer l'encombrement, déjà quelquefois intolérable, et qui ne peut que s'accroître sur les voies magistrales de cette grande ville ; » puis, dans le même rapport, le même écrivain compare à « un naufrage volontaire, à un incendie allumé de main d'homme, la démolition de mille maisons, par l'administration d'une ville, poussée par un désir déréglé d'embellissement, *pour le plaisir de tracer des rues mieux alignées ou plus larges* (p. 350). »

Je me borne à invoquer le rapport lui-même pour établir que ce prétendu *plaisir* est une *nécessité*, et qu'elle résulte précisément, en grande partie, de ce développement de la grande industrie, auquel l'illustre rapporteur ne veut pas qu'il soit, même par un droit d'octroi, apporté d'obstacles, comme si la liberté du travail et la liberté de ne pas payer l'impôt était une seule et même chose.

J'ai dit encore que la création des chemins de fer avait triplé la population et la circulation de Paris. Chaque kilomètre de voie ferrée ouvert en France correspond à un mètre de rue ouvert dans Paris, amène à Paris cent visiteurs et lui laisse au moins dix habitants. Cela est évident de soi, mais quelques chiffres rendent cette évidence plus claire encore. Les diligences, il y a vingt ans, débarquaient à Paris, chaque jour, à peine mille personnes; les gares des chemins de fer, à Paris, voient partir ou arriver vingt-cinq millions de voyageurs par an, soixante mille par jour. Combien y avait-il d'hôtels garnis et de maisons meublées à Paris, en 1817? 692; et en 1866? 4,863[1]. Enfin, sait-on quels sont les ouvriers les plus nombreux à Paris? Sur 416,811 ouvriers, 78,577 sont occupés des vêtements, 38,236 des aliments, en tout 117,236, ou plus d'un quart.

Les provinciaux ne doivent donc pas tant attaquer Paris. Nos hôtels sont leurs châteaux, nos promenades leurs parcs, nos boulevards leurs avenues, la moitié des maisons de Paris sont leurs bâtiments de service, cent mille ouvriers sont leurs cuisiniers et leurs couturières. Et les députés des départements, si ardents à réclamer des chemins de fer, à demander des subventions, à organiser ou à solliciter les compagnies, ne devraient pas s'indigner contre les travaux de Paris. On peut se retourner et leur répondre : Voulez-vous

[1] Husson, *Consommations de Paris* et *Enquête de la Chambre de commerce*, 1860.

qu'on n'ouvre plus d'écoles en province? voulez-vous revenir aux anciens réglements industriels? et surtout voulez-vous qu'on suspende l'exécution des chemins de fer? Non, assurément non. Cessez dès lors de vous plaindre des travaux de Paris. En votant les chemins de fer, vous les votez. Paris, ses maisons, ses rues, sont l'immense gare centrale de la France; ou bien n'augmentez pas le réseau, ou bien élargissez la gare. Qui donc a transformé Paris? C'est vous, et vous avez aussi voté à la demande du gouvernement tous les emprunts qui ont permis cette énorme opération.

Mais n'attaquons ni les députés, ni les industriels, ni l'administration municipale pour les fautes qu'elle n'a pas commises; elle a bien assez des fautes qu'elle a commises et que nous énumérerons tout à l'heure. Si Paris est trop gros, si les travaux ordonnés à Paris sont trop considérables, si l'affluence de la population élève le prix des loyers et des vivres, parce qu'il y a non pas des logements en moins, mais des habitants en plus, ces malheurs très-réels, très-pénibles, très-dangereux, ne doivent pas être mis à la charge du maire de Paris. C'est la faute de la centralisation, qui est l'œuvre de toute notre histoire, c'est la faute des chemins de fer, qui sont le progrès matériel le plus important de notre siècle.

Un maire de Paris est un maréchal des logis. On lui envoie deux millions d'habitants à établir. Il n'a pas à demander pourquoi, il n'a qu'à obéir. Il faut loger ces habitants, ouvrir devant leurs voitures et leur foule des rues plus larges, niveler, paver, éclairer ces rues, fonder pour les familles nouvelles des églises, des écoles, des marchés, les protéger par une bonne police, pratiquer sous leurs demeures des égouts, amener dans leur cour et jusque sur le toit de leurs maisons de l'eau en abondance, en un mot, veiller à la tranquillité, à l'approvisionnement, à la santé, à l'instruction, aux plaisirs même, de cet immense camp de vivants.

Examinons comment ce programme a été rempli depuis vingt ans, et après avoir fait la part des différentes nécessités qui ont conduit le gouvernement de l'Empereur à poursuivre la transformation de Paris, la part des différentes responsabilités engagées dans cette immense entreprise, tâchons de faire aussi la part de l'éloge et du blâme mérités par l'administration municipale chargée de l'exécuter.

II

LE PLAN GÉNÉRAL ET LA DÉPENSE DES TRAVAUX (1849-1869)

II

LE PLAN GÉNÉRAL ET LA DÉPENSE DES TRAVAUX (1849-1869)

Il est commode et il est très-exact de diviser les grands travaux de Paris en trois périodes et de les désigner par trois années qui renferment une période de vingt ans : 1849, 1859, 1869.

1849, c'est l'année où, sous la république, fut voté le prolongement de la rue de Rivoli, commencement de ce qu'on appelle le *premier réseau* des voies nouvelles[1].

[1] Les lois des 4 octobre 1849, 4 août 1851, 2 mai 1855, 19 juin 1857 se rapportent à ce premier réseau qui comprend : 1° le dégagement des Tuileries, du Louvre, des Halles, de l'Hôtel de Ville, du Théâtre-Français ; 2° l'établissement de la *grande croisée* de Paris par le prolongement de la rue de Rivoli et l'ouverture des boulevards de Sébastopol et Saint-Michel, avec leurs annexes ; en tout, 9,467 mètres.

1859, c'est l'année de l'annexion des faubourgs compris entre l'enceinte de l'*octroi* et l'*enceinte fortifiée*, et l'année où commence l'exécution de la loi dite de 180 millions pour un ensemble de travaux à exécuter aux frais de la Ville et de l'État, qui a reçu le nom de *second réseau*[1].

1869, c'est l'année de la transaction avec le Crédit foncier qui liquidera et permet de calculer les charges totales imposées aux finances municipales par l'exécution des travaux du premier et du second réseau, et d'un *troisième réseau* entrepris vers 1863[2], ensemble d'opérations qui, d'après le dernier rapport de M. le préfet à l'Empereur, auront été complétement menées à fin en 1869 ou au commencement de 1870.

Dans cette période, la ville de Paris n'a pas exécuté seulement des rues, des boulevards et des promenades, elle a aussi pourvu largement à des besoins d'un autre ordre.

[1] Par la loi du 28 mai 1858, l'État s'engagea à payer un tiers de la dépense évaluée à 150 millions de travaux à exécuter en dix ans par la ville de Paris, et ce second réseau comprend : les boulevards du Prince-Eugène, Magenta, Malesherbes, Haussmann, Saint-Marcel, les avenues de l'Alma, de l'Empereur, Rapp, de La Tour-Maubourg, les rues de Turbigo, de Madrid, Gay-Lussac, Monge, de Médicis, etc.; en tout : 26,094 mètres.

L'annexion des faubourgs est l'objet de la loi du 16 juin 1859.

[2] Au troisième réseau ne correspond aucune loi spéciale. Il se compose d'opérations que l'administration municipale a considérées comme la conséquence des opérations précédentes. Il comprend la transformation du Luxembourg, les abords de l'Opéra, la rue de La Fayette, la rue de Rennes, le commencement du boulevard Saint-Germain, le boulevard Richard-Lenoir, et une foule d'autres percements; en tout : 28,000 mètres.

Le développement total des trois réseaux est donc de 64,500 mètres, plus de 16 lieues anciennes.

Le total de la dépense est énorme. Il atteint, pour ces vingt années, environ DEUX MILLIARDS.

Si l'on réduit la période aux quinze années de l'édilité de M. Haussmann, depuis le commencement de 1853, le chiffre est de 1,865,770,086 francs.

La voie publique entre dans cette somme pour *huit cent quatre-vingt-quatre millions*, les constructions et améliorations diverses (églises, écoles, hôpitaux, mairies, casernes, égouts, etc.) pour *sept cent sept millions*, les intérêts de la dette pour *deux cent soixante-treize millions*[1].

Le plan des voies nouvelles, il faut le reconnaître, a été tracé de main de maître.

Le premier réseau traverse Paris en long par la rue de Rivoli, en large par le boulevard de Sébastopol et le boulevard Saint-Michel.

[1] Chiffres exacts :

Voie publique	884,400,224
Dette.	273,539,301
Services divers.	707,850,560
	1,865,770,085

La somme dépensée à l'agrandissement de la voie publique, dans Paris, avait été, de 1816 à 1830, 10 millions ; de 1830 à 1848, 25 millions. (Horace Say, *Études sur l'administration de Paris.*)

Les rues de Rambuteau et de Constantine, la restauration de Notre-Dame, de l'Hôtel de Ville, du Louvre datent de la monarchie de 1830.

La ville était déjà coupée dans ces deux sens par les rues que l'on appelait dans le vieux langage municipal *la grande croisée de Paris*, les rues Saint-Antoine et Saint-Honoré, parallèlement à la Seine, et les rues Saint-Denis et Saint-Jacques, perpendiculairement. On n'a qu'à voir ce qui reste de ces rues pour s'assurer que leur largeur était insuffisante, leurs sinuosités incommodes, leur aspect plein de laideur. Pourquoi ne s'est-on pas borné à les élargir? Parce qu'il est plus cher d'acheter, plus difficile et plus fâcheux d'abattre des façades que de traverser les cours, les jardins, les bâtiments du fond; d'après une expression juste et pittoresque, attribuée à M. le préfet, il est moins dur d'attaquer le dedans du pâté que la croûte.

Le second réseau mène du centre de Paris aux portes de Paris, des gares de chemins de fer au palais du souverain, aux Chambres, aux ministères, au palais de justice, à la Bourse, aux casernes, aux quartiers commerçants, à la halle, en un mot, des lieux où la foule arrive aux lieux où la foule se rend. Il comprend le boulevard du Prince-Eugène et le boulevard de Strasbourg, l'avenue de La Tour Maubourg, les abords de l'Arc de triomphe.

Le troisième réseau se compose de voies assurément très-utiles, mais assurément moins pressées, le boulevard Saint-Germain, les abords du Trocadéro, les abords de l'Opéra.

Ce troisième réseau a été commencé après la loi du 16 juin 1859, qui a ordonné la réunion de l'ancien Paris au nouveau sous la même administration. Cette réunion était un mariage désagréable aux deux parties, mais un mariage de raison imposé par une nécessité politique évidente. Une ville industrielle, composée de dix-huit communes distinctes, s'était établie et élargie comme une ceinture dangereuse autour d'une ville politique, profitant des écoles, des hôpitaux, des théâtres, de tous les avantages de sa voisine sans payer l'octroi, sans supporter ses charges. « C'est Paris qui paye et la banlieue qui régale, » avait coutume de répéter M. de Rambuteau avec sa bonhomie spirituelle. — « Il n'est pas admissible, a dit M. Haussmann dans son mémoire au Conseil municipal du 11 mars 1859, que la capitale de la France soit composée d'une partie centrale, administrée avec unité, soumise à un certain régime financier qui assure convenablement ses services municipaux, ouverte et reliée par un bon système de voies publiques, protégée par une police vigilante, et d'une zone extérieure, fractionnée légalement en dix-huit communes ou fractions de communes abandonnées à autant de faibles administrations locales, divisées par dix-huit péages aussi divers qu'insuffisants, sans communications bien entendues, sans surveillance efficace. »

Cette phrase résume très-fortement les motifs qui commandaient l'annexion des faubourgs à la ville, l'extension jusqu'à l'enceinte des fortifications des limites de Paris, ainsi étendue de 3,402 hectares à 7,802 hectares.

Cette mesure importante[1] devint loi de l'État à partir du 1er janvier 1860.

[1] Préparée par un décret provoqué par M. Delangle, alors ministre de l'intérieur, précédée d'une longue enquête où toutes les parties intéressées furent entendues,

Les travaux exécutés depuis l'annexion ont été étendus à la zone annexée dans une large proportion.

En dix-huit ans, l'ancien Paris a reçu 95 kilomètres de voies nouvelles à ajouter aux 384 kilomètres qui sillonnaient déjà les 3,402 hectares de sa superficie ; mais les voies nouvelles ont une largeur moyenne de 24 mètres au lieu de 12 ; la longueur de la voie publique a augmenté d'un quart, la superficie de moitié.

En sept ans, le nouveau Paris, qui avait aussi 384 kilomètres de rues d'une largeur moyenne de 13 mètres sur une superficie de 4,400 hectares, a reçu 41 kilomètres de plus, d'une largeur moyenne de 18 mètres.

Le Paris total contient actuellement 850 kilomètres, environ 212 lieues anciennes de rues et boulevards qui occupent 1,229 hectares.

Ce vaste ensemble est-il beau ? Je ne veux point disputer des goûts et des opinions. Si les monuments, les rues, les places, les perspectives ne satisfont pas les artistes, n'est-ce pas un peu la faute des artistes eux-mêmes ? Nous ne sommes ni au siècle de Périclès, ni au siècle de saint Louis, ni au siècle de Léon X, nous n'avons pas

votée par le Conseil municipal sur le rapport de M. Chaix d'Est-Ange, elle fut adoptée par le Corps législatif sur le rapport de M. Riché, par le Sénat sur le rapport de M. Charles Dupin.

même trouvé des architectes assez habiles pour entourer l'Arc de triomphe de l'Étoile d'une place aussi belle que la place Vendôme, la plus belle de Paris, à mes yeux. Cela peut bien être aussi la faute de l'administration municipale, qui choisit avec plus ou moins de goût. Disons encore que c'est la faute du temps : il n'inspire pas. Quel souffle des libertés municipales, quel esprit de foi remplit aujourd'hui l'âme des constructeurs de nos cathédrales et de nos hôtels de ville? Il n'y a d'inspiré vraiment que les gares et les casernes, seuls monuments qui présentent un style à eux et une certaine force d'invention. Soyons justes, d'ailleurs, et n'oublions pas que, dans son court *Traité du sublime*, le grand Burke a remarqué ceci : « Les hommes ne peuvent pas faire très-beau le très-grand. » Une chaîne de montagnes est toujours belle, une longue rue est toujours laide. Ce n'est pas l'art, c'est la nature qui a créé ce qu'il y a de vraiment beau à Paris, l'île de la Cité, environnée par les deux bras gracieux de la rivière, comme un navire, comme une arche portant sur les ondes dans deux monuments magnifiques, les deux premiers trésors des hommes, la religion et la justice.

Puis, après cet aveu de notre infériorité architecturale, n'oublions pas cependant les affreux environs du Louvre, de l'Hôtel de Ville, des Tuileries, d'il y a vingt ans, et convenons que le nouveau Paris est large, commode, riche et spacieux, infiniment supérieur à l'ancien. Le maître du bon sens, Descartes, a écrit :

« Ces anciennes cités qui, n'ayant été au commencement que des « bourgades, sont devenues par succession de temps de grandes

« villes, sont ordinairement si mal compassées au prix de ces places « régulières qu'un ingénieur trace à sa fantaisie dans une plaine, « qu'encore que, *considérant leurs édifices chacun à part, on y trouve « souvent autant ou plus d'art qu'en ceux des autres*, toutefois, à voir « comme ils sont arrangés, ici un grand, là un petit, et comme ils « rendent les rues courbées et inégales, on dirait que c'est plutôt la « coutume que la volonté de quelques hommes usant de raison qui « les a ainsi disposées. »

« ... Ainsi voit-on que les bâtiments qu'un seul architecte a « entrepris et achevés ont coutume d'être plus beaux et mieux « ordonnés que ceux que plusieurs ont tâché de raccommoder en « faisant servir de vieilles murailles qui avaient été bâties à d'autres « fins. »

Et ailleurs : « Il est vrai que nous ne voyons pas qu'on jette par « terre toutes les maisons d'une ville pour le seul dessein de les « refaire d'une autre façon et d'en rendre les rues plus belles[1]... »

Ces comparaisons des Descartes, *vieilles murailles qui avaient été bâties à d'autres fins*, peuvent servir de règles très-exactes pour juger l'ensemble des voies nouvelles de Paris. Quelques-unes sont inutiles, la plupart sont nécessaires, *belles et bien ordonnées ;* ceux des édifices du vieux Paris qui, *pris à part, offraient autant et plus d'art que les nouveaux*, ont été respectés et restaurés, comme la tour

[1] *Discours de la méthode*, IIe partie.

Saint-Jacques, le Louvre, Notre-Dame, la Sainte-Chapelle, l'hôtel de Cluny, la tour des ducs de Bourgogne, l'hôtel de Soubise, etc., et la *volonté de quelques hommes usant de raison* a mieux disposé les *rues courbées et inégales de cette bourgade devenue grande ville.*

Mais ce n'est pas seulement d'air, de lumière et d'espace que les habitants de Paris avaient besoin.

De 1853 à 1869, 61 millions ont été dépensés pour construire 14 églises neuves, 2 temples et 2 synagogues. — 55 millions ont été employés à agrandir ou à multiplier les hôpitaux, hospices et maisons de secours, 129 millions à restaurer l'Hôtel de Ville, à bâtir 9 mairies, 9 casernes, 5 théâtres, et à porter de 298 à 454 le nombre des écoles et salles d'asile communales, entièrement gratuites [1]. — 38 millions ont passé à la construction des halles, marché et abattoir central des bestiaux, marchés d'arrondissement. — Près de 100,000 arbres ont été plantés le long des voies nouvelles, dans 21 squares, 18 places plantées, pendant qu'au bois

[1] En 1852, il y avait à Paris 1,077 écoles primaires :

298 communales, recevant.	59,000 élèves
779 libres.	55,000 —
	114,000 enfants.

En 1867, il y avait à Paris 1642 écoles primaires :

454 communales, recevant.	92,908 élèves
1188 libres.	81,712 —
	174,620 enfants.

de Boulogne, au bois de Vincennes, aux buttes Saint-Chaumont, et bientôt au parc de Montsouris, plus de 1,600 hectares étaient consacrés aux promenades publiques, et cette belle amélioration, cette introduction charmante et salubre des feuilles, des eaux, des fleurs au milieu des murailles et des vilains toits noirs de la ville, éclairée en outre de 18,000 becs de gaz de plus, n'a pas coûté moins de 195 millions. — Enfin, 150 lieues d'égouts souterrains déchargent la ville de ses immondices, pendant que des conduites d'eaux d'une étendue de 345 lieues, s'abreuvant à d'immenses réservoirs, distribuent dans Paris, non plus 112,600 mètres d'eau par jour, mais 350,000 et bientôt 450,000 mètres d'eau abondante dans toutes les rues, et pouvant s'élever jusque sur le toit de toutes les maisons.

Tel est l'ensemble des travaux qui ont coûté, comme nous l'avons dit, en vingt ans, à peu près 2 milliards, et pendant l'édilité de M. Haussmann seul, 1,865 millions.

Il n'est que juste de louer, d'admirer hautement, l'intelligence, l'énergie, l'activité, dépensées dans une œuvre si gigantesque. Oui, le préfet et la commission municipale ont puissamment, largement pourvu au bien-être, à la salubrité, à l'embellissement, à la viabilité de cette ville immense dont le vaste réseau des chemins de fer de l'Europe a en moins d'un quart de siècle doublé brusquement l'étendue, comme un lac où cent torrents nouveaux viendraient tout à coup verser leurs ondes.

Pourquoi donc une si grande œuvre est-elle si sévèrement jugée? pourquoi l'administration municipale de Paris est-elle à la fois très-embarrassée et très-attaquée?

A cette question la réponse est malheureusement trop facile.

III

LES PRINCIPALES OBJECTIONS CONTRE LA TRANSFORMATION DE PARIS

III

LES PRINCIPALES OBJECTIONS CONTRE LA TRANSFORMATION DE PARIS.

Nous n'avons pas à demander compte au maire de Paris des raisons plus ou moins bonnes de la politique du gouvernement qui lui a notifié ses ordres : il ne commande pas, il exécute, avons-nous dit.

Mais comment exécute-t-il? Par quels moyens? Avec quelle dépense? C'est là que commence la responsabilité du maire de Paris et de la commission municipale qui l'assiste. Il ne partage pas avec le souverain la responsabilité de la direction et des ordres, il partage avec lui, et il porte même plus que lui la responsabilité de l'exécution et des moyens.

Car le souverain, le ministre, le préfet, ne sont pas des propriétaires auxquels on n'ait qu'à faire compliment d'avoir transformé leur parc avec goût ou d'avoir magnifiquement rebâti leur hôtel, sans avoir à leur demander compte de la dépense qu'il leur a plu de consacrer à ces travaux. Ce sont des mandataires qui ont à répondre de l'emploi de l'argent, car il n'est pas à eux, et de l'observation de la loi, car elle est au-dessus d'eux ; elle est la seule sauvegarde que celui qui paye ait contre eux. Pour transformer une ville, ainsi que pour ouvrir une route, un canal, un chemin de fer, l'administrateur est obligé de mettre la main sur trois choses sacrées : la *propriété*, l'*impôt*, l'*épargne nationale*.

C'est un bien grand service à rendre à la nation tout entière que d'établir un chemin de fer de Paris à Marseille ! Une loi, longuement préparée, longuement discutée, ordonne ce grand ouvrage. Des capitaux sont réunis par voie d'association, des subventions sont accordées par l'État, toutes les administrations sont consultées et mises en mouvement, le savoir des ingénieurs triomphe, par des plans habiles, de la résistance des montagnes et de l'obstacle des rivières. La France et l'Europe, les champs et les villes, les ports et les ateliers, attendent avec impatience l'achèvement de cette grande voie qui va donner passage à l'activité et à la prospérité. Un petit paysan d'un village inconnu refuse de vendre son champ ; à la loi, à la science, à la fortune, à l'intérêt public, à l'impatience universelle, il oppose le droit de propriété, le droit sacré que son travail, uni à celui de ses pères, a fondé dans sa personne sous le chaume de sa petite maison, il oppose

> . . . Les lois qui l'ont de ce logis
> Rendu maître et seigneur et qui de père en fils
> L'ont de Pierre à Simon, puis à lui Jean transmis.

Tout s'arrête et doit s'arrêter, jusqu'à ce que l'État, la justice et un conseil de concitoyens s'étant transportés sur la petite parcelle du villageois, aient entendu sa plainte, apprécié ses motifs et forcé la compagnie à tenir compte de son droit. Je ne connais rien de plus beau, dans un pays civilisé, que ce respect de tous pour ce fruit du travail d'un seul homme ou d'une seule famille, qui se nomme la *propriété*.

C'est un autre trait de civilisation que le nombre des précautions prises pour fixer l'assiette, assurer le recouvrement et surveiller l'emploi de l'impôt, c'est-à-dire de la part de ses biens que chacun doit au service de tous, précautions dont la première est l'usage immuable, indispensable, de consulter celui qui paye avant de le taxer, et de lui rendre après la dépense un compte public de l'emploi de sa contribution.

Et c'est un troisième trait de la civilisation de ne pas faire appel au crédit, c'est-à-dire à l'épargne de tous, sans deux contrôles, celui des contribuables et celui des pouvoirs législatifs; car, à défaut de ces deux contrôles, les chefs de la nation ou ceux de la cité pourraient ruiner ceux pour lesquels ils empruntent et gêner l'ensemble des affaires de l'État lui-même et de tous ceux qui ont besoin de crédit au même moment.

Ne pas toucher à la propriété, sans une loi statuant sur chaque opération, en détail, avec scrupule.

Ne pas toucher à l'impôt, soit pour fixer le taux, soit pour disposer du produit, sans le consentement des contribuables votant par leurs représentants.

Ne pas toucher à l'emprunt sans avoir consulté le débiteur et le public.

Ces règles sont les principes de notre droit. Que dis-je? ce sont les conclusions de notre histoire. Il a fallu des siècles pour transformer en droits ces vœux des peuples si longtemps opprimés, pour fonder ces libertés, pour graver dans nos lois ces traits qui distinguent le pays et le gouvernement de la France du pays et du gouvernement de la Turquie.

L'administration municipale de Paris a-t-elle été fidèle et docile à ces grands principes de notre droit national?

Mettons ici de côté tous les bavardages puérils, les calomnies injustes, les objections sans nombre mais sans portée, et même une partie des objections sérieuses, mais secondaires, poussière inévitable qu'une énorme entreprise comme la transformation de Paris, touchant à tant d'intérêts, de convenances, de spéculations, de prétentions, d'habitudes, doit soulever sous les pas de celui qui l'exécute.

Voulez-vous connaître les vrais torts de l'administration municipale de Paris? voyez d'où sont parties les résistances sérieuses et légales qui ont fini par triompher. La ville a fini par avoir pour adversaires les jurys d'expropriation, c'est-à-dire la *propriété;* la cour de cassation et le conseil d'État, c'est-à-dire la *loi;* la cour des comptes, c'est-à-dire les *finances*.

En effet, la propriété, la loi, les finances, ont eu à se plaindre de l'administration municipale.

La propriété a eu à se plaindre de l'abus des expropriations, abus autorisé par ce décret dictatorial de 1852 qui a trop aisément permis à l'administration municipale de Paris d'exproprier des surfaces plus grandes que la voie à élargir ou à établir. De là une véritable entreprise d'achats et de ventes, avec spéculation sur la plus-value des excédants; accumulation entre les mains de l'autorité municipale de surfaces considérables et par suite hausse du prix des terrains et des loyers, hausse semblable à celle qui se produit sur les grains lorsqu'une énorme quantité appartient à un seul détenteur. De là mécontentement des propriétaires et des locataires, mécontentement porté au comble, lorsque l'administration a mis à son lieu et place des compagnies. On peut imaginer quel parti les avocats ont pu, devant les jurys, tirer de cette circonstance, en montrant que tous les rabais imposés aux propriétaires profitaient à des spéculateurs, tandis qu'à leur tour les compagnies, traitées durement par les jurys, exigeaient de la ville de Paris, pour de nouvelles opérations, des conditions de plus en plus onéreuses à ses finances.

Les tribunaux, le conseil d'État, la cour de cassation ont vu quelque illégalité, soit dans les traités amiables avec les propriétaires sans autre autorisation que le simple *visa* de la loi qui ordonnait une opération sans dispenser pour cela la ville des formes communes à toutes les opérations ; soit dans l'ajournement du payement des indemnités locatives ; soit dans les emprunts divers contractés sans autorisation sous forme d'émission de *bons de la Caisse des travaux* ou de *bons de délégation* sur des subventions atermoyées.

La cour des comptes enfin s'est émue d'un grand nombre d'opérations ayant toutes pour résultat *de procurer à la ville de Paris des accroissements de ressources en dehors des limites déterminées par la loi, les règlements administratifs ou les décrets d'institution de la Caisse des travaux*. Ce sont les termes mêmes du *Rapport* présenté à l'Empereur en 1868 par la cour des comptes, et le rapport entre dans le détail de ces opérations, qu'il qualifie d'emprunts non autorisés.

Quelle que soit l'opinion que l'on adopte sur la légalité ou l'illégalité des opérations signalées par la cour des comptes, il n'est pas douteux qu'elles attestent un embarras financier sérieux.

M. le préfet de la Seine a toujours affirmé que ces embarras étaient de simples embarras de trésorerie, que, forcée par le genre de travaux que l'État et la loi lui imposent à d'énormes avances, dans lesquelles elle rentre sûrement, mais lentement, la ville de Paris n'était gênée qu'en passant, mais que la plus-value constante de ses ressources, obtenue par l'effet même des travaux critiqués, dépassait largement la dépense qu'ils auraient occasionnée. Il a toujours affirmé que l'excédant des recettes *ordinaires* sur les dépenses *ordinaires* était, chaque année, d'au moins 40 millions, et que ces recettes augmentant de 6 millions au moins, ces dépenses de 3 millions au plus, chaque année aussi, l'accroissement annuel de l'excédant pouvait être évalué à 3 millions.

En fait, cet accroissement s'est effectivement réalisé de 1852 à 1868, et la ville a pu payer, dans cette période, 705,090,276 francs sur ces excédants.

On n'a pas cessé d'objecter à M. le préfet qu'il était imprudent de compter sur une longue série de pareils accroissements, déterminés par une transformation exceptionnelle opérée à la faveur d'une longue période de tranquillité, mais pouvant diminuer ou disparaître quand les travaux s'arrêteront ou quand l'ordre sera troublé. On a surtout répété que l'excédant des recettes ordinaires sur les dépenses ordinaires, excédant sur lequel repose tout l'édifice financier de la ville, dépend lui-même du classement de ce que l'on entend par dépenses *ordinaires* et *extraordinaires*. Or peut-on dire que cet excédant soit vraiment libre et disponible, lorsque la ville doit pourvoir, sous le nom de dépenses *extraordinaires* à des dépenses permanentes, inévitables, telles que l'amortissement de la dette (ch. 21), la subvention complémentaire à l'assistance publique (ch. 22), les travaux d'architecture et de beaux-arts (ch. 23), les travaux des ponts et chaussées (ch. 25), dépenses classées au budget *extraordinaire*, les travaux de la grande voirie, les réserves pour dépenses motivées par l'annexion (ch. 25 et 26), dépenses classées au budget *spécial;* enfin, les *opérations diverses* (églises, mairies, lycées, quais, promenades), classées au *budget de la Caisse des travaux?* Si l'on faisait figurer ces dépenses aux chapitres des dépenses *ordinaires*, puisqu'elles reviennent tous les ans, il en résulterait que les excédants seraient de 10 à 15 millions par an au lieu de 40 à 50 millions.

Or, comme la ville de Paris a maintenant à payer 465 millions en dix années, il n'est pas indifférent de savoir si elle peut disposer de 50 millions par an pour s'acquitter, ou de 15 millions, et comme les dix années qui viennent peuvent être troublées par bien des événements, il est plus que prudent de répartir sur soixante années et non sur dix l'exigibilité d'une si grosse dette.

A toutes ces objections, à toutes ces plaintes des représentants de la propriété, de la justice et de la fortune municipale, M. le préfet a toujours répondu par des explications très-nettes et très-amples. Il est impossible d'accepter plus largement et de soutenir plus vigoureusement qu'il ne l'a fait la discussion de ses actes.

Mais, en conservant jusqu'au bout la situation impartiale que j'entends tenir, en m'abstenant de choisir entre les différents calculs, entre les différents arguments, c'est par les chiffres même, c'est par les raisonnements même de M. le préfet, sans les discuter, que j'arrive à être pleinement convaincu des embarras financiers de la ville de Paris.

En effet, M. le préfet raisonne et calcule ainsi :

« L'assiette financière du budget municipal est magnifique. Paris est comme un État qui ne ferait jamais la guerre, et, riche par ses terrains et son octroi, verrait la valeur de ces terrains, le revenu de cet octroi, suivre constamment l'accroissement d'une population dont des circonstances extérieures augmenteraient jour par jour le chiffre. De là des excédants constants dans le revenu, des plus-values constantes dans le prix des terrains. De là, en même temps, la nécessité de transformer les rues et les maisons, la possibilité de le faire aisément au moyen des excédants de revenus capitalisés, et l'urgence de le faire très-rapidement, afin de n'avoir pas à loger trop mal, pour avoir trop attendu, les habitants qui arrivent, et à payer trop cher les terrains qui haussent de prix.

« J'ai pu payer, en quinze ans, 1,400 millions dont 856 millions sur des fonds de budget, 443 millions sur des fonds d'emprunt, 100 millions sur les bons de la Caisse des travaux, soit près de 95 millions par an. Je pourrai bien, en dix ans, payer 465 millions qui restent dus, soit moins de 50 millions par an. »

Oui, la ville de Paris peut, je veux le croire, supporter cette charge très-lourde, mais à sept conditions :

1° *Si* ses revenus continuent à croître. Or, il n'en sera pas ainsi certainement, s'il survient quelque grave événement politique.

2° *Si* les dépenses sont bien calculées. Or, depuis l'annexion, sur les dépenses du 2e et du 3e réseau, il y a eu un grave mécompte de plus de 500 millions, soit 50 millions d'erreur par an.

3° *Si* le rapport entre l'accroissement de la recette et l'accroissement de la dépense reste le même. Or, au budget de 1869, à cause de l'augmentation des intérêts de la dette, M. Dewinck ne signale plus que 25 millions d'excédant au lieu de 47 millions.

4° *Si* le prix des terrains, contre-valeur des bons de la Caisse des travaux de Paris, se maintient sans baisse. Or rien de plus difficile à estimer, rien de plus facile à déprécier. Il s'agit de 1,667,000 mètres.

5° *Si* l'on n'entreprend pas de travaux nouveaux. Or, il y en a d'inévitables, par exemple la suite du boulevard Saint-Germain, la suite de l'avenue de l'Empereur entre les Tuileries et l'Opéra.

6° *Si* l'on ne baisse aucune taxe d'octroi. Or, qui ne désire pas impatiemment voir, d'ici à dix ans, le droit sur le vin, le droit sur la houille, subir des réductions, de larges réductions, afin que, selon les vues très-justes de M. le préfet, le profit de ces détaxes aille jusqu'au consommateur et que le progrès des consommations compense peu à peu la diminution des droits?

7° *Si* l'administration de Paris est tout à coup inspirée par un esprit de sagesse qui ne l'a pas jusqu'à présent caractérisée. On marquerait sans peine le point où il aurait fallu s'arrêter, le chapitre, l'alinéa, où il convenait de mettre le signet. C'était évidemment au moment d'entreprendre le troisième réseau. Un premier réseau de 272 millions était fini ; un second réseau estimé à 180 millions était voté ; l'annexion, dont la dépense était évaluée à 150 millions, était ordonnée. La dette, contractée en 1849, 1852, 1855, 1860, s'élevait à 275 millions. Le premier réseau comprenait déjà 9,500 mètres, le second 27,000 mètres. Pourquoi entreprendre sans tarder 28,000 mètres de plus? quel est le juste motif d'espérer plus de prudence dans l'avenir, lorsque le même magistrat qui la réclame déclare en même temps que l'œuvre immense à laquelle son nom demeurera attaché, *est encore loin de son entier accomplissement*[1]?

On le voit, la situation financière de Paris dans l'avenir n'est bonne qu'à sept conditions, et chacune de ces conditions est douteuse !

Négligeons un moment l'avenir, qui n'a pas encore la parole, et au nom duquel on se hâte en général beaucoup trop de faire des promesses ou des menaces ; bornons-nous au présent, et retenons la situation financière de Paris, telle qu'elle est présentée avec beaucoup de clarté par M. Dewinck, pour le budget de l'année 1869.

Le revenu ordinaire de la ville s'élèvera à 156 milions, dans lesquels l'octroi figure pour près de 100 millions. Les dépenses *ordi-*

[1] *Rapport à l'Empereur*, p. 22.

naires de tous les services emploient 85 millions, le service des intérêts de la dette 46 millions, soit 131 millions. Il y a donc un excédant de recettes de 25 millions seulement. Mais si l'on extrait des dépenses *extraordinaires* l'amortissement de la dette pour 16 millions et demi, le supplément de subvention à l'assistance publique, les dépenses des travaux des églises, mairies, écoles, casernes, etc., série de dépenses vraiment inévitables, qui n'ont rien de commun avec les grands travaux proprement dits, et qui s'élèvent, avec l'amortissement compris, à 23,920,000 fr., l'excédant vraiment disponible est réduit à quoi? A un million.

Reste à pourvoir à la dépense des grands travaux, portée au budget *extraordinaire* pour 36 millions, et cette dépense ne peut être réduite, car elle est déjà faite, si l'on tient compte des avances faites à la ville par sa Caisse des travaux, avances dont une partie est exigible en 1869. Le budget prévoit, en regard de la dépense extraordinaire, une recette *extraordinaire* correspondante de 36 millions, dont 25 millions à réaliser par des ventes de terrain et 7 millions à recevoir de l'État pour subventions diverses. Est-on bien sûr de cette vente? est-on bien sûr de cette rentrée?

N'entrons pas plus avant dans les détails de ce tableau financier, et réduisons les chiffres au millième comme on réduit les distances dans un plan à un millimètre par mètre. Supposons qu'un grand propriétaire jouisse d'un revenu annuel de 156,000 livres de rente. S'il est obligé d'en dépenser 155, il ne lui reste pas un gros excédant. Si dans ses dépenses figurent ses dettes pour 62,000 fr., intérêts et amortissement, soit pour près de moitié de son revenu, on trouvera la dette exagérée. S'il s'est engagé, en outre, et par avance, dans des dépenses égales à un quart en sus de son revenu, comptant, pour y faire face, sur des ventes de terrain et des recouvrements de créances, on le jugera téméraire. Ce grand seigneur aura beau montrer, avec un juste orgueil, l'importance de ses constructions, il aura beau dire et prouver que ses revenus vont toujours en augmentant : on lui parlera, en hochant la tête, des incertitudes de l'avenir, de ses enfants à élever, de ses fermes à rebâtir, de la fragilité de ses priviléges, et je serais surpris si les banquiers, renseignements pris sur sa situation et sur son caractère, lui accordaient un crédit de premier ordre. Ses ennemis tiendront un langage fort déplaisant. Et quant à ses amis, ils ne le supplieront pas seulement de diminuer son train, ils étudieront les causes d'une facilité si dangereuse et les moyens de la modérer pour l'avenir.

La ville de Paris est semblable à ce grand seigneur. Elle a fait de bien belles choses, mais en dépensant deux milliards en vingt ans.

Elle a de bien beaux revenus, mais les dettes en absorbent plus du tiers.

Le progrès de ces revenus est bien magnifique, car les recettes ordinaires, qui n'atteignaient pas 50 millions il y a vingt ans, dépassent 150 millions aujourd'hui.

Mais les emprunts ont marché plus vite. C'est par sommes de 25, puis de 50, puis de 60, puis de 140, puis de 250, et enfin de

465 millions à la fois, qu'ils se sont élevés à près d'un milliard en vingt ans.

Ses épargnes sont pour longtemps engagées d'avance, et elle ne peut plus emprunter sans peine.

Je crois que les dépenses faites à l'aide de toutes ces énormes sommes sont et seront productives, je partage la confiance de M. le préfet dans l'élasticité et la fécondité des ressources de Paris, je crois que le budget peut prendre la devise de la ville : *Fluctuat nec mergitur*, orage sans naufrage, mais je vois s'élever à la fois le flot croissant des dépenses et des emprunts, le vent contraire de l'opinion publique, et, cherchant la cause d'une telle situation, je suis d'accord avec tous ceux qui l'examinent pour l'attribuer uniquement à l'absence de contrôle qui fait de la mairie de Paris une véritable dictature.

Laissons donc les bâtiments, les hommes, les chiffres, et examinons en face le système légal actuel de l'administration de Paris, et le système légal nouveau, proposé par la commission du Corps législatif, dont M. du Miral est le rapporteur.

IV

ORGANISATION MUNICIPALE DE PARIS.

III

ORGANISATION MUNICIPALE DE PARIS.

Je n'apprends rien à personne en répétant que la mairie de Paris est une dictature. Tout maire a trois supérieurs : le *préfet*, qui, sous l'autorité du ministre et au nom de l'Empereur, représente l'intérêt politique et national; le *conseil municipal*, qui, sorti du suffrage, représente l'intérêt local des administrés, et la *loi* enfin, placée sous la garde des tribunaux, la loi qui représente l'intérêt permanent de la raison et du droit. Chacun des actes du maire aboutit à une dépense, et il ne peut pas dépenser un centime sans se conformer à la loi qui régit son budget, sans un vote du conseil municipal qui consent, sans un arrêté du préfet qui approuve, ou, si la ville est importante, sans un décret de l'Empereur provoqué par le ministre.

A Paris, le maire n'est pas soumis au préfet; il est préfet lui-même. Peut-on dire qu'il est soumis au ministre? Il est, sauf le titre, vraiment son égal; il prend place au Sénat, il entre au conseil d'État, il assiste souvent au conseil des ministres, il travaille directement avec le souverain.

A Paris, le maire n'est pas contrôlé par le conseil municipal; ce conseil est une commission, et le même fonctionnaire propose, comme préfet, la nomination des membres qui doivent le contrôler comme maire.

A Paris, enfin, il n'y a pas de loi. Cette affirmation peut paraître excessive. A chaque loi municipale, en 1837 comme en 1852, le législateur a déclaré qu'une loi spéciale réglerait l'administration municipale de Paris. Jamais cette loi n'a été complétement faite. Car aucune loi, absolument aucune, même la loi du 5 mai 1855 (art. 14), n'énumère les attributions de la commission municipale; on peut douter, je le répète, qu'il y ait pour le préfet obligation de la consulter sur telle ou telle question. L'immense autorité du préfet de police reposait jusqu'en 1859 sur un simple arrêté des consuls. La loi sur l'organisation municipale du 18 juillet 1837 est inapplicable à Paris, et pourtant on en a étendu le bénéfice à cette ville pour autoriser, par un simple décret, la fondation de la Caisse des travaux en 1858. Le décret de 1852 sur la décentralisation, qui transfère aux préfets quelques-uns des droits du ministre vis-à-vis des communes, avait aussi été déclaré inapplicable à Paris, où l'administration de la commune et celle du département se confondent et où les intérêts de localité se mêlent, par leur importance, avec l'intérêt public. Un simple décret de 1861, plus ou moins constitutionnel, faisant exception à l'exception, a rendu au préfet de la Seine comme aux autres préfets le droit d'autoriser en dernier ressort un grand nombre d'actes municipaux, c'est-à-dire qu'il a donné en quelque sorte à sa main gauche le privilége de valider les actes de sa main droite. La dernière loi municipale a consacré ce singulier cumul. Sans aller plus loin, il est avéré qu'en attendant des lois qui ne sont pas faites, ou à la faveur d'exceptions ajoutant à des exceptions, la mairie de Paris est, je le répète, une dictature, une royauté absolue, dans le cercle de tous les actes ordinaires et extraordinaires des vastes attributions qui la constituent.

Cependant les actes, du moins les actes principaux du maire de Paris, et particulièrement l'entreprise des grands travaux, relèvent de trois autorités, l'Empereur, les Chambres, la commission municipale.

Le maire de Paris peut-il être retenu et contrôlé efficacement par les deux grands pouvoirs placés au-dessus de lui, l'Empereur et les Chambres, et par la commission faisant fonction de conseil muncipal placée auprès de lui?

Il ne faut pas trop compter sur la sagesse du souverain en ces matières, si rare et si forte qu'elle puisse être en d'autres questions. Tous les souverains ont voulu bâtir. Les plus sages, Louis XVI ou Louis-Philippe, les plus puissants, Louis XIV ou Napoléon, ont couvert Paris de constructions nouvelles. Le même Louis XIV qui, en 1672, interdisait aux particuliers de bâtir à Paris au delà d'une certaine limite, continuait le Louvre, fondait les Invalides et appelait tous les grands seigneurs à sa cour. Le même Napoléon, si ménager des deniers publics, qui répétait à l'architecte Fontaine et au préfet Frochot que « les architectes avaient ruiné Louis XIV et qu'il fallait mettre le Palais-Royal en boutiques, » écrit, après Ulm et Iéna : « Paris manque d'édifices, il faut lui en donner. C'est à tort que l'on « a cherché à borner l'étendue de cette grande ville ; sa population « peut sans dommage être doublée. Il y a telle circonstance où douze « rois peuvent s'y trouver ensemble. Il leur faut donc des palais, des « habitations et tout ce qui en dépend. » Puis ce grand capitaine, qui habitait une si petite mansarde au quai Conti en 1790, appelle les Tuileries une *prison inhabitable*, le Louvre un *palais de parade*, et commande le palais du roi de Rome[1]. L'architecture est la passion des rois, passion naturelle autant que magnifique. Les pierres vivent plus longtemps que les hommes, et les siècles écoulés parlent à la postérité par les monuments. Il n'est pas de roi qui n'ait l'ambition de perpétuer son nom dans l'histoire. La littérature donne aussi l'immortalité, mais on ne dispose pas de la littérature, l'esprit se taille moins aisément que le marbre, il se plie moins facilement que le fer. L'architecture obéit, et il est beau pour un monarque de gra-

[1] Voy. le livre si curieux de M. Louis Passy sur Frochot, liv. IV, ch. XI, p. 505.

ver à jamais sur une ville célèbre son nom, son effigie et les trophées de ses victoires.

Ajoutez à ce désir légitime de gloire l'intérêt de distribuer du travail à de nombreux ouvriers et la nécessité de leur en assurer encore par de nouvelles entreprises, une fois qu'ils se sont agglomérés dans les villes. Ajoutez une tentation également très-puissante qui résulte du profit que le Trésor retire de ces entreprises. De 1852 à 1867, l'État a contribué aux travaux publics, dans Paris, pour 95 millions, et ses perceptions, dans la même ville, pendant la même période, se sont accrues de 94 millions sur les impôts directs, de 112 millions sur les contributions indirectes[1]. Cette augmentation n'a pas cessé pendant les guerres de Crimée, d'Italie, du Mexique, ni durant les années de mauvaises récoltes. Le fleuve du budget n'a pas d'affluent plus précieux, de goutte plus secourable.

Ces trois raisons suffisent. Il est évident qu'il ne faut pas beaucoup compter sur les souverains pour arrêter les travaux des villes.

L'intervention du Corps législatif est un frein plus puissant, s'il est tout à fait indépendant et s'il est consulté à temps. Mais on ne le consulte qu'à l'occasion des emprunts, on n'emprunte que quand les opérations sont engagées. Le Corps législatif gronde, recommande plus de sagesse, puis il vote, car il faut bien payer les dettes, et on ne lui a pas demandé son avis avant de les faire.

[1] *Rapport à l'Empereur*, 1868, note, p. 31 et 32.

La moitié de la dépense des travaux de Paris a été faite sur des fonds d'emprunt. Il n'est pas un de ces emprunts qui n'ait obtenu les votes du Corps législatif, en 1849, 1852, 1855, 1858, 1860, 1865. Peut-on donner à son intervention une forme nouvelle? Je l'examinerai un peu plus loin.

J'ai eu l'honneur de faire partie de la commission municipale. Je rends un sincère hommage aux hommes capables et considérés qui coopèrent gratuitement à une besogne énorme. L'existence de cette commission est assurément un grand bien.

Mais j'ose affirmer qu'il n'est peut-être pas un de ses membres qui ne regrette de n'avoir pas passé par l'élection, pas un qui ne se regarde comme membre d'une commission de simple surveillance et non de véritable administration et de contrôle sérieux. Les affaires arrivent à cette commission en quelque sorte par le milieu; elle n'en voit ni le commencement ni la fin; elle donne à la hâte un avis qu'on joint au dossier. Encore doit-elle beaucoup de remercîments aux très-abondantes explications dont M. le préfet se montre prodigue; il est de ceux qui aimeraient à appuyer toujours l'autorité sur la raison. S'il s'abritait seulement derrière la loi, il pourrait consulter encore bien moins qu'il ne le fait la commission municipale; car cette loi, savez-vous, encore une fois, ce qu'elle dit des attributions de la commission? Pas un mot.

Il faudrait pourtant ne pas se payer de formes et compter avec le cœur humain. N'attendez pas que le plus vertueux des contrôlés, quand il choisit lui-même ses contrôleurs, aille choisir les plus sévères. Et, quant aux contrôleurs, nul ne se sent de liberté quand il ne se sent pas de responsabilité ; nul n'exerce bien soigneusement un mandat dont il n'a pas à rendre compte ; nul ne s'acquitte bien d'une fonction qu'il ne peut remplir qu'en s'exposant à la perdre, puisqu'elle dépend précisément de celui qu'il est chargé de contredire. Je ne sais pas taire la vérité. Malgré les mérites et la parfaite honorabilité de tous ses membres, les efforts de son illustre président, les dispositions du préfet de la Seine, le contrôle de la commission municipale n'est pas un contrôle, il n'est jamais un frein, il est seulement un avis.

Est-ce que mon jugement va trop loin ? M. le préfet va bien plus loin en rejetant sur la commission municipale, dans son *Rapport à l'Empereur*, le tort d'avoir demandé l'exécution du troisième réseau des voies nouvelles qu'il voulait retarder. Et M. le président du Miral va bien plus loin encore lorsque, dans son rapport au Corps législatif, il appelle le conseil municipal de Paris une *commission administrative*.

Que manque-t-il donc à tous ces contrôles ? Le ressort et la clairvoyance de l'intérêt direct du contribuable. Il n'y a qu'une autorité, une seule, qui puisse résister à l'entraînement des dépenses, c'est l'autorité de ceux qui les payent. On est toujours prodigue du bien d'autrui. Le contrôle du contribuable, exercé par les représentants qu'il élit, voilà le principe fondamental du droit français. C'est là le véritable contrôle, et c'est là aussi le véritable appui.

Pourquoi les actes de M. le préfet de la Seine sont-ils souvent travestis et injustement méconnus? pourquoi ses réponses, toujours habiles, souvent victorieuses, ne font-elles pas plus d'impression sur le public?

Il lui arrive ce qui est arrivé à tous les pouvoirs absolus. Pour n'être pas contrariés, ils sont exposés à n'être pas défendus. Or, il est très-agréable de n'être pas contrarié, mais il est très-désagréable de n'être pas défendu. Si cet habile magistrat avait eu dans les quatre-vingts quartiers de Paris quatre-vingts collaborateurs populaires, inspirant confiance, expliquant ses actes et leur concours, le public aurait connu la vérité, compris la difficulté, écouté et discuté les opérations dont il a été le témoin impuissant et incommodé.

D'où vient donc que la nomination du conseil municipal de Paris par les électeurs rencontre tant de résistance? Les objections sont sans doute bien puissantes, puisqu'elles ont la force de tenir une cité de deux millions d'âmes en dehors de la loi commune depuis vingt ans.

Examinons ces objections.

V

OBJECTIONS CONTRE L'ÉLECTION DIRECTE DU CONSEIL MUNICIPAL DE PARIS PAR SES HABITANTS

V

OBJECTIONS CONTRE L'ÉLECTION DIRECTE DU CONSEIL MUNICIPAL DE PARIS PAR SES HABITANTS.

Les motifs allégués pour refuser aux Parisiens le droit d'élire leurs conseillers municipaux sont au nombre de quatre :

1° On dit, en premier lieu, que l'œuvre de transformation qui vient d'être accomplie exigeait la dictature et aurait été entravée par la discussion.

De quelle entrave veut-on parler?

Un conseil municipal élu, bien au contraire, aurait plutôt demandé qu'on allât encore plus vite et qu'on fît encore davantage. C'est ainsi que les députés demandent à chaque session un quatrième, un cinquième, un sixième réseau de chemins de fer. M. le préfet constate, dans son dernier mémoire à l'Empereur, qu'il a tenté de s'opposer, mais en vain, à l'exécution trop prompte d'un troisième réseau de voies publiques; la commission municipale l'a voté, *sous la pression de l'opinion*. Bien plus forte eût été la pression de l'opinion sur un Conseil municipal électif; il est d'expérience que chaque élu n'aime pas à revenir devant ses électeurs les mains vides.

A quoi donc un conseil élu se fût-il opposé? Aux mesures, aux travaux que l'*opinion* ne réclamait pas et qui ont été imposés à la ville par une autre puissance que l'opinion, puissance contre laquelle M. le préfet aurait pu se défendre, à son tour, avec le secours d'un conseil élu. Ce n'est pas l'opinion qui a réclamé l'annexion des faubourgs, c'est l'État, et l'État avait raison; mais peut-être un conseil élu aurait-il obtenu pour la ville, dont cette opération, exigée par les nécessités de la politique, a écrasé les finances, des conditions plus favorables. Ce n'est pas l'opinion qui a réclamé le Trocadéro ou la construction de l'Opéra, dont les abords entraînent à la charge de la ville des opérations si coûteuses et si inutiles. Ce n'est pas l'opinion qui a réclamé les travaux des Tuileries, qui ont eu et auront encore pour conséquence des déplacements de ponts et de rues.

Mais cessons de discuter ce premier motif, car il a fait son temps, il rentre dans l'histoire ancienne. Admettons qu'un conseil élu aurait entravé l'œuvre accomplie. Maintenant qu'elle est accomplie, maintenant qu'il y a nécessité de s'arrêter, de respirer, de faire halte, l'argument disparaît et l'heure est venue de rentrer dans la règle, de remettre le frein à la roue qui entraîne si vite la fortune municipale.

2° Le second motif allégué pour priver les Parisiens du droit accordé aux habitants de toutes les autres villes de l'empire, c'est tout simplement qu'il *n'y a pas de Parisiens*. Paris est une auberge, une cour, une caserne, un musée, un marché, ce n'est pas une cité ; il n'y a pas de Parisiens.

Lorsque cette thèse a été développée avec une énergique sincérité par M. le préfet de la Seine, j'avoue qu'elle m'a frappé au cœur. Il est vrai que je suis un échantillon d'une espèce qui se perd, celle des anciens bourgeois de Paris, et je dois convenir qu'il y a peu de Parisiens habitués, dès l'enfance, à regarder et à aimer avec moi les tours de Notre-Dame comme le clocher de leur village. J'ai essayé de prendre cette parole, tombée de si haut, pour un paradoxe ou pour une métaphore. Je connais des grandes dames qui écrivent vers le commencement de l'hiver à leurs amies : « *Il n'y a personne à Paris,* » et cependant la ville est remplie par deux millions de créatures humaines, mais cela ne compte pas. Il y a des prédicateurs qui présentent la terre elle-même, le globe entier comme un lieu de passage, une hôtellerie. Mais la parole de M. le préfet n'était ni si plaisante, ni si mélancolique ; elle était fort sérieuse. Or, elle a été prononcée devant qui? Devant des représentants des ministères, des Chambres, des tribunaux, des Facultés, du commerce, de la grande industrie. Ce sont pourtant des Parisiens, quel que soit le lieu de leur naissance, ces fonctionnaires de tout ordre qui tiennent dans leurs mains le mécanisme solide et compliqué de l'administration française. Ce sont des Parisiens, ces magistrats inamovibles ou électifs qui décident chaque jour de si grands intérêts civils ou commerciaux. Ce sont des Parisiens, ces savants qui attirent la jeunesse et fixent la renommée dans nos écoles. Ce sont des Parisiens, ces habiles constructeurs et ces puissants organisateurs des chemins de fer qui relient la capitale à la France et la France à l'Europe. Ce sont des Parisiens, ces grands industriels, ces intelligents négociants qui ont occupé le premier rang à l'Exposition universelle de 1867, où le gouvernement n'a eu qu'à parler pour obtenir plus de deux mille collaborateurs gratuits et compétents. Ce sont des Parisiens, ces deux mille soldats que les vingt arrondissements fournissent chaque année à la conscription ; ces ouvriers qui remplissent le monde des produits de leur goût incomparable et de leurs mains habiles. Ce sont des Parisiens, ces propriétaires des cinquante mille maisons, ces contribuables des six cent mille logements, ces patentés des boutiques, qui payent tous les ans au Trésor et à la ville plus de 40 millions de contributions, sans parler de l'octroi.

Vous dites : « *Quel lien municipal relie les habitants de Paris? Ils sont isolés les uns des autres, ils changent, avec une extrême facilité, de logement, n'ayant d'ailleurs aucun moyen de se reconnaître et de s'entendre sur les vrais intérêts communaux...* »

Mais avec quelle rapidité ces paroles ne peuvent-elles pas être retournées ! Elles ne sont pas le portrait des Parisiens, elles sont précisément le procès du régime auquel ils sont soumis. Ils n'ont pas de lien municipal, parce que le droit municipal leur est refusé. Ils sont isolés, parce qu'ils n'ont aucun moyen légal de se concerter. Ils changent facilement de quartier parce que l'expropriation les chasse et qu'aucun droit ne les attache! Vraiment, est-il convenable de reprocher aux Parisiens le sort qu'ils subissent, et eût-on jamais supposé que l'aquilon pût se plaindre ou se moquer de la poussière qu'il soulève?

3° Le troisième motif de l'incapacité civique des Parisiens est plus sérieux. On dit et avec raison que dans une si grande ville, dans une capitale, l'intérêt local, l'intérêt de bourgade s'efface devant un intérêt supérieur; presque toutes les questions à résoudre ont un côté politique devant lequel doit s'incliner le petit point de vue municipal.

Cette raison est grave, mais elle ne peut pas s'appliquer partout ni s'accorder complétement avec le précédent motif. On fait bien de l'honneur, en la leur appliquant, aux petits villages du département de la Seine, Drancy, Nogent, Vitry, privés, comme Paris, du droit de nommer leur Conseil municipal. On fait bien peu d'honneur, en ne la leur appliquant pas, à des villes importantes, notamment aux villes frontières ou aux ports, dans lesquels le petit intérêt local peut quelquefois gêner l'intérêt général. On fait surtout bien peu d'honneur aux habitants de Paris en supposant qu'ils n'ont pas l'esprit ouvert de ce côté plus élevé, et l'énumération à laquelle je viens de me livrer prouve précisément que l'intérêt public est plus largement représenté dans la population parisienne qu'ailleurs. Si les habitants ne sont pas des Parisiens, ne craignez pas qu'ils aient l'esprit trop parisien. Il est vrai que les affaires d'une capitale relèvent de la politique, mais il n'est pas moins vrai que les habitants d'une capitale ont l'esprit de la politique, sont préparés à envisager à un point de vue général le rôle et les intérêts de la cité. Tout le monde distingue et sans malice l'esprit de province de l'esprit de Paris. Pourquoi donc, d'ailleurs, ne dédaigne-t-on pas de recevoir l'argent de ceux dont on craint de recevoir les avis? Si les travaux faits dans Paris ont été faits pour le bien de la nation tout entière, pourquoi donc le Trésor n'y a-t-il contribué que pour moins de 100 millions, tandis que la ville supportait une charge de 800 millions? Ne faut-il pas convenir d'ailleurs qu'après l'exécution des grands travaux, et d'ici au lointain avenir qui verra peut-être, vers l'an 2000, une transformation nouvelle, l'intérêt municipal reprend le dessus? Il n'y aura plus à voter de longtemps sur un boulevard ou sur une annexion, mais sur l'église de telle paroisse, l'école de tel quartier, la mairie de tel arrondissement. On ne rebâtira pas Paris tous les dix ans.

4° Voici le dernier argument qui est, au fond, le seul argument véritable, considérable, le seul qui puisse exercer sur un esprit réfléchi une impression sérieuse.

Laisser voter les Parisiens, dit-on, c'est installer la révolution à l'Hôtel de Ville, c'est ressusciter la Commune de Paris.

Cet argument très-grave, très-répandu, est emprunté à l'histoire de malheurs dont la sombre mémoire répand encore la terreur dans les esprits. Il a du vrai. Le sang versé sur les pavés de nos rues a bien de la peine à s'effacer, et un siècle n'a pas suffi pour apaiser et désarmer les cœurs. Que des révolutions puissent encore éclater dans Paris, qui en doute? Que la parole : « Qui tient Paris, tient la France, » soit toujours vraie, qui le peut contester? Mais ces dangers sont la suite de l'état des esprits, de la division des partis, de l'excès de la centralisation; je ne vois pas ce qu'ils ont à faire avec l'organisation de la municipalité et l'élection des conseillers par les électeurs.

On parle de la Commune de Paris. On oublie que cette détestable puissance était une commune insurrectionnelle, installée par la force à la place de la municipalité régulière. La loi du 21 mai 1790, œuvre de l'Assemblée nationale, avait rendu à Paris, divisé en quarante-huit sections, une municipalité élective, composée d'un maire, de seize administrateurs, de trente-deux conseillers, de quatre-vingt-seize notables, d'un procureur général et de deux substituts, tous magistrats élus par les Parisiens portés sur le rôle des contributions pour une somme représentant au moins deux journées de travail. « Pendant les deux années que cette organisation fut en vi- « gueur, » a dit M. de Laborde, ancien préfet de la Seine, « la ville « de Paris fut administrée avec ordre, justice et économie, et les « hommes les plus respectables et les plus éclairés n'avaient point « dédaigné de faire partie du conseil municipal[1]. » Le 10 août 1792, l'émeute s'installe à l'Hôtel de Ville, elle casse et elle chasse la municipalité, « considérant que cette municipalité *ne peut agir que par les « formes établies,* » et ce n'est pas seulement le pouvoir municipal que la *commune* absorbe, c'est bientôt le pouvoir de l'Assemblée, puis la justice, puis la royauté, jusqu'à ce que la Convention, reprenant peu à peu le terrain, arrêtant Robespierre et ses collègues le 9 thermi-

[1] Paris municipe.

dor, rendit un décret, le 14 fructidor an II, par lequel elle mettait la main sur l'administration entière de la ville de Paris.

Je conviens qu'il en sera toujours ainsi qu'il en fut alors, c'est-à-dire que toutes les fois qu'une insurrection détrônera le pouvoir central, elle détrônera aussi le pouvoir municipal, et que, comme l'insurrection se dit toujours faite au nom du peuple, elle commencera toujours par s'installer dans la maison du peuple, à l'Hôtel de Ville. Mais bien loin que la municipalité fasse la révolution, c'est la révolution qui chasse la municipalité, et ce triomphe est d'autant plus facile lorsqu'il n'y a pas de municipalité à renverser, mais seulement un préfet, comme cela arriva au général Malet, le 22 octobre 1812.

C'est dans les faubourgs, en dehors de toute assemblée régulière et publique, que les Hébert et les Chaumette délibèrent les renversements. Pendant ce temps, les Bailly et les Lavoisier délibèrent, en assemblée du conseil municipal, les écoles, les rues, et l'éclairage de la ville. Ainsi s'étaient passés les événements en 1792. Ainsi se sont passées les choses en 1848, plus près de nous, lorsqu'un maire et un gouvernement provisoire, qui supprimèrent l'élection municipale, remplacèrent un conseil laborieux, honorable qui, depuis 1834, devait, comme les maires, ses pouvoirs à l'élection. Est-ce le conseil municipal de M. de Rambuteau qui avait appelé M. Marrast à l'Hôtel de Ville? Le préfet ne tomba que parce que le roi était tombé.

On déplace les rôles dans une histoire faite à plaisir, et on met au compte de l'élection régulière les crimes de l'insurrection violente.

Mais, puisqu'on interroge l'histoire, qu'on n'oublie pas aussi toutes les grandes circonstances dans lesquelles les Parisiens ont soutenu la monarchie ; qu'on n'oublie pas qu'ils donnaient en 1852 une énorme majorité à l'empire, et, jusqu'en 1857, une énorme majorité aux députés présentés par le gouvernement.

Sans remonter le cours des siècles, il jaillit de l'ensemble de l'histoire de la France des leçons incontestables, et les voici :

Pour rendre les révolutions moins faciles et moins fréquentes, il n'y a, en dehors de la force, que trois moyens : admettre les citoyens à une large participation dans les affaires, maintenir au milieu d'eux les influences naturelles, supprimer les justes causes de mécontentement.

Or, l'école de la vie publique, c'est d'abord l'instruction ; puis la liberté individuelle avec la liberté du travail et du commerce, qui donnent l'expérience des affaires privées ; puis l'exercice des droits municipaux, qui communique l'habitude des affaires communales ; puis, enfin, l'exercice des droits politiques, qui élève à l'expérience des affaires publiques. École primaire, liberté individuelle, droit municipal, droit politique : voilà l'échelle ascendante de l'éducation civique. En France, tout sera en question, tant que les citoyens posséderont le dernier degré, sans avoir passé par tous les degrés intermédiaires. Supprimez donc à Paris l'élection législative, qui conduit à changer les lois générales du pays, si vous ne jugez pas les Parisiens capables de l'élection municipale, qui conduit à statuer sur les bornes-fontaines et sur l'éclairage au gaz.

J'ai parlé des influences naturelles. La population ouvrière à Paris est une armée sans capitaines, et à défaut de chefs, elle a des meneurs. Pas de patrons exerçant sur leurs ouvriers une influence salutaire, dans une ville où les écoles, les secours, les logements, ailleurs fournis par les patrons, sont à la charge du public. Ni les écoles, ni les cours publics, ni les églises, à Paris, ne sont organisés pour le peuple, dont le travail n'est d'ailleurs pas coupé par des jours de repos réguliers. Ce travail dure sans rémission, presque dans tous les métiers, pendant quelques *mois* ; il *chôme*, avec une *rigueur affreuse*, pendant une morte-saison plus ou moins longue. Nulle suspension, partant nulle vie de famille, nulle vie de relation. Il n'y a que deux endroits, deux rendez-vous où les ouvriers se rencontrent ; leurs mains se croisent dans les cabarets, leurs esprits se rapprochent dans les journaux. Au sortir de ces lieux d'excitation et non d'éducation, de violence et non d'expérience, les ouvriers rentrent silencieux et mornes dans leurs ateliers, voisins de nos palais, dans leurs mansardes, peu distantes des plus beaux hôtels, et, tenus à ce régime pendant cinq ans, ils sont lancés tout à coup, comme un torrent sans digues, au milieu de la tempête des élections générales. Est-il déraisonnable de supposer que si ces ouvriers intelligents avaient eu à s'essayer en quelque sorte dans les élections municipales, si ces élections avaient élevé tout près d'eux des conseillers de leur choix, si ces conseillers s'étaient tenus en relations constantes avec leurs mandants, cette organisation naturelle du suffrage populaire le rendrait, au moment du scrutin général, plus éclairé, plus inoffensif?

On suppose que le conseil municipal serait ainsi composé exclusivement de membres violents, avec lesquels toute affaire serait impossible? C'est mal connaître la division de Paris, où des quartiers entiers, peuplés d'habitants riches, ne tomberaient pas dans ces mauvais choix; c'est mal connaître la disposition des ouvriers, qui n'aiment pas à nommer d'autres ouvriers; c'est mal connaître enfin les meneurs, puissants derrière la toile, dans l'ombre, *mais* singulièrement embarrassés quand on les met aux affaires, réduits au silence ou condamnés au ridicule, et rendus incapables d'une seconde élection.

On dirait, à entendre certains cris exagérés, que nous sommes à la veille d'une invasion des barbares! Il y a, en effet, dans tous les pays, des barbares. Les barbares, ce sont ces Vandales et ces Ostrogoths qu'on voit à la Bourse, aux théâtres, et dans les mauvais lieux, les puissants scandaleux, les riches paresseux, les avocats sans cause, les solliciteurs sans place, les savants sans renommée, les ouvriers sans famille, les déclamateurs sans conviction, tous ceux enfin qui trouvent plus commode de réformer et d'agiter la société que de se changer et de se remuer eux-mêmes. Voilà les barbares d'aujourd'hui, les mauvais citoyens qui traînent après eux les foules ignorantes et souffrantes!

Or l'histoire[1] nous enseigne que l'invasion des barbares fut partout rendue facile dans les villes par l'anéantissement de la classe moyenne, dont l'influence avait disparu par suite de la corruption ou de la destruction du régime municipal. Peignant à grands traits une époque plus rapprochée, racontant l'histoire de la capitale elle-même, M. Augustin Thierry[2] nous apprend que le régime municipal de Paris ayant été interrompu pendant vingt-six ans après la mort

[1] Guizot, *Histoire de la civilisation.*

[2] *Essai sur la formation du tiers-état.*

d'Étienne Marcel, lorsque ce régime fut repris, les meilleurs citoyens, marchands et bourgeois, avaient perdu leur influence, et les élections, descendant d'un degré plus bas, portèrent au pouvoir les bouchers, les écorcheurs et les *cabochiens*. Ainsi toujours les meneurs improvisés remplacent les chefs naturels. Quand il n'y a plus de conseillers élus dans les mairies, il y a des conseillers secrets dans les tavernes. Pour supprimer un élément de trouble, auquel on peut résister en plein jour, on refoule, on multiplie, dans les ténèbres, des ferments de désordre irrésistibles, parce qu'ils sont invisibles.

Ce n'est pas assez. On donne au désordre des instruments secrets, mais, ce qui est bien plus grave, on lui laisse une cause permanente. Pourquoi les révolutions générales, depuis 1789, sont-elles devenues des convulsions stériles? Parce qu'elles sont injustes. Les grandes conquêtes sont faites, et celles qui restent à faire peuvent s'accomplir par des procédés pacifiques. Nous avons l'égalité civile, nous avons la liberté religieuse, nous pouvons atteindre et revenir peu à peu à la liberté politique. Il n'y a plus de juste cause de révolution. A Paris, il n'en est pas de même. Les Parisiens sont dépossédés d'un droit ; ils ont une revendication, ils ont un grief légitime ; ce qui leur est imposé comme une mesure d'ordre est, au contraire, une cause permanente de révolte et de réclamation.

« Le gouvernement le plus parfait, » a écrit au dix-septième siècle l'Anglais Harrington, « est celui où la liberté existe dans une telle « mesure, qu'aucun homme ne puisse en espérer obtenir une plus « grande somme par une révolution. »

Que les Parisiens aient l'esprit municipal, dit-on, et on leur rendra la vie municipale ! Je voudrais bien savoir d'où cet esprit peut souffler et comment on peut apprendre à marcher quand on vous lie les jambes ? N'est-il pas humiliant et dangereux d'avoir, comme nous l'avons à Paris, la liberté de discuter Dieu, la propriété et le mariage, et de se voir interdire la liberté de discuter les taxes de l'octroi ? d'avoir la liberté de s'amuser, de se ruiner, d'aller à la Bourse, au théâtre, au cercle et au bois de Boulogne, et de se voir refuser la liberté de nommer un de ses concitoyens pour voter l'impôt qu'on sera forcé de payer ? Un grief permanent, une juste cause de se plaindre, et nulle autre occupation que l'intérêt ou le plaisir, voilà deux grands ferments de désordre ; ne dites pas que la mesure législative qui place dans cette condition deux ou trois cent mille citoyens, évite les révolutions ; il est plus vrai de dire qu'elle les prépare.

Enlevez, si vous l'osez, aux Parisiens le droit de nommer leurs députés, car c'est à la Chambre et par les lois qu'on peut bouleverser la société ; ou bien rendez-leur le droit de nommer leurs conseillers, car, à l'Hôtel de Ville, on ne se réunit que sur convocation, avec un ordre du jour déterminé, on ne discute que sur les trottoirs, les égouts, les marchés et les boulevards. Il n'y a vraiment pas là matière à révolution.

Est-il bien difficile d'indiquer les précautions raisonnables, vraiment acceptables par tous les esprits éclairés, qui devraient entourer, sans le restreindre en aucune façon, l'exercice du suffrage municipal à Paris ?

On a proposé d'organiser le suffrage municipal sur d'autres bases que le suffrage législatif, et de placer dans le conseil, à côté de membres élus, des membres de droit. Je ne suis pas d'avis de ces classifications. Il faut à tous les pouvoirs semblables une même origine ; pas d'inégalité entre les électeurs, pas d'inégalité entre les élus.

Mais il est trois précautions que tous les citoyens, même les plus libéraux, doivent admettre.

1° Il convient que l'Empereur ait sous sa main, dans la capitale de l'empire, l'autorité militaire, la police, le préfet ; que ce préfet soit à la fois maire de Paris, et que le conseil municipal puisse être dissous ;

2° Ceci concédé, les élections devraient être directes, avoir lieu non par grande circonscription ni par arrondissement, mais *par quartiers*, entre gens pouvant se concerter aisément, nommer les bons citoyens, qui dans un petit rayon sont bien connus, exclure les meneurs et les bavards qui, dans le même rayon, sont trop connus ;

3° Les électeurs devraient être domiciliés à Paris *au moins depuis une année*. Il y a, dans la ville, des habitants et des passants ; aucun autre moyen d'en faire, comme cela est juste, la séparation.

A ces conditions, on peut affirmer que le conseil municipal serait composé, en grande majorité, de membres compétents, intelligents et raisonnables ; le budget serait examiné de près, et les mesures prises auraient dans tout Paris des défenseurs responsables qui, consultant et éclairant tour à tour l'opinion publique, contribueraient à fortifier le pouvoir autant qu'à le contenir.

VI

LE CONTROLE PROJETÉ DU CORPS LÉGISLATIF

VI

LE CONTROLE PROJETÉ DU CORPS LÉGISLATIF.

Je le dis à regret, dans son dernier *Rapport à l'Empereur*, M. le préfet de la Seine ne fait pas même une allusion au droit des Parisiens, et, dans son rapport au Corps législatif, M. le vice-président du Miral se borne à déclarer que des *considérations d'un ordre impérieux et supérieur* ont déterminé le législateur à *priver* la capitale de la France d'un conseil municipal élu.

Voilà qui est bientôt dit. Le même rapporteur dénie pourtant avec énergie ce qu'il appelle la *pratique de l'omnipotence administrative*, et, *au nom de l'opinion*, il proteste contre la dictature du maire de Paris; il revendique une *haute surveillance* et un *contrôle efficace* de l'administration parisienne[1].

[1] Pages 10, 23.

Qui donc exercerait ce contrôle? Le Corps législatif.

On connaît le débat élevé, dans la dernière session, entre la commission, le conseil d'État et les auteurs de nombreux amendements. Ne sachant quel système prévaudra, je dois les examiner un à un.

Le conseil d'État n'admet l'intervention de la loi que pour la dépense des travaux de voirie, et lorsque ces travaux représentent une somme supérieure au dixième des recettes ordinaires de la ville et l'engagent pour plus de trois ans. Ce système ne porte atteinte à aucun principe, mais il ne porte remède à aucun abus. Le dixième en question est de 16 à 20 millions, et les charges déjà engagées de la ville ne lui permettront probablement pas, d'ici à longtemps, d'employer à des rues nouvelles 20 millions par an, prélevés sur ses recettes *ordinaires*. La disposition, dit M. du Miral, sera donc illusoire.

La commission demande que le Corps législatif vote chaque année le règlement du budget *extraordinaire* seulement. La division en budget *ordinaire* et *extraordinaire* n'a rien de légal. En prenant pour point de départ l'état actuel, le rapport de M. Dewinck nous apprend que le budget *extraordinaire* ne comprend, en dépenses, que 61 millions sur 224; que, sur ces 61 millions, 16 sont affectés à la dette municipale, 1 million à l'assistance publique, 36 millions aux grands travaux, 7 millions aux petits; presque toutes ces dépenses sont ou bien nécessaires ou bien engagées. Que reste-t-il à contrôler? D'ailleurs, qu'entend-on par *règlement*? Est-ce la cause de la dépense, ou bien son chiffre, ou seulement sa régularité, qui pourraient être discutés? Ce contrôle, qui laisse en dehors 100 millions sur 224, aurait besoin, même dans une si étroite limite, d'être mieux défini. Ajoutons que le premier article de recette du budget *extraordinaire* se compose de l'excédant du budget *ordinaire*. La discussion de l'un conduit inévitablement à la discussion de l'autre.

Par un amendement plus large, MM. de Talhouet, Chevandier, Martel, etc., réclament pour le Corps législatif l'examen intégral et le vote du budget et des comptes de la ville de Paris, dans la même forme que le budget de l'État. La Chambre deviendrait le conseil municipal de Paris. La capitale aurait un conseil élu par toute la nation, elle seule exceptée.

L'amendement de M. Berryer va plus loin, plus à la racine. Il suspend l'arrêté préfectoral de cessibilité jusqu'au vote des voies et moyens par une loi. Il soumet à l'autorisation légale tout traité avec une compagnie ou un particulier. La Chambre n'est plus seulement le conseil municipal de Paris, elle devient le préfet de la Seine.

Par un autre amendement, MM. Jules Favre, Picard, Jules Simon, Carnot, et les autres députés actuels de Paris, réclament le même contrôle du Corps législatif, *tant que le département de la Seine n'aura ni conseillers généraux ni conseillers municipaux élus*.

Enfin M. le préfet de la Seine propose à l'Empereur, dans son dernier Mémoire, de soumettre *à l'approbation de la loi le budget de la ville, arrêté jusqu'ici par simple décret*[1], parce que Paris n'est pas une commune, mais *la propriété collective du pays entier*.

[1] Page 40.

Nous l'avons déjà dit, et il est de toute nécessité d'y revenir, les mêmes mots ne couvrent pas les mêmes choses. A la Chambre, on paraît entendre que le budget de Paris sera *discuté* en tout et en partie, en gros et en détail, par articles et par sections, comme le budget de l'État. A l'Hôtel de Ville, on paraît entendre que le budget sera *approuvé*, *arrêté*, déclaré régulier, purement et simplement. A la Chambre, on veut que le pouvoir législatif prenne en partie la place du pouvoir *municipal*. A l'Hôtel de Ville, on demande que le pouvoir législatif prenne en partie la place du pouvoir *ministériel*.

Sur un seul point, toutes les opinions, absolument toutes, sont unanimes, à savoir : sur la nécessité d'un contrôle efficace qui n'existe pas.

Mais les mots employés par les organes de la commission ou par les auteurs des amendements n'expriment pas nettement, dans le langage légal, quel sera le caractère, quelles seront les limites du contrôle que l'on propose d'attribuer au Corps législatif.

Or, c'est ici que revient le dilemme inévitable que nous avons déjà posé :

Si le Corps législatif se borne à *approuver* le budget, s'il examine seulement le budget *extraordinaire*, s'il ne vote que les travaux dont *la dépense excède le dixième des recettes ordinaires*, le contrôle est illusoire. Mais déjà, comme conséquence de ces mesures, il est impossible de ne pas donner au préfet entrée dans la Chambre pour la défense de son budget. Le maire de Paris grandit encore.

Si le Corps législatif examine une à une toutes les affaires, toutes les dépenses ordinaires et extraordinaires, le contrôle n'est pas compétent, et il peut devenir embarrassant et ruineux. C'est la province jugeant Paris.

C'est surtout, qu'on le dise franchement, la destitution des Parisiens écrite pour toujours dans une loi.

Jamais Corps législatif n'abandonnera une pareille attribution. Les députés se vanteront en province de l'exercer sévèrement, et, s'ils abusent de ce contrôle, que fera-t-on? Si un conseil municipal élu rendait l'administration de Paris impraticable, l'Empereur pourrait le dissoudre. Est-ce qu'il dissoudra la Chambre parce qu'elle gênera Paris? Je m'étonne que M. le préfet de la Seine regarde le contrôle du Corps législatif comme destiné *à faire cesser l'antagonisme traditionnel des provinces contre Paris*. Je crois que l'effet contraire sera produit. Ce sera la porte ouverte aux attaques des départements contre Paris. Comment en serait-il autrement, lorsque les intérêts des départements et ceux de Paris sont, sur plusieurs points, naturellement opposés?

Voulez-vous des exemples? L'octroi produit les deux tiers du revenu de Paris, revenu trop indispensable, puisque la moitié passe au payement de la dette. Or, la richesse de l'octroi, c'est le vin, la houille, le bétail. Pas un département qui ne réclame avec ardeur la franchise ou la détaxe de ces produits. Autre exemple : Les hospices de Paris défendent leurs finances contre l'envahissement des malades, des fous, des vieillards et des orphelins de la France entière. Pas un département qui n'ait intérêt à se décharger de son fardeau d'indigence sur la capitale. Croyez-vous vraiment qu'ayant la main sur l'octroi et sur les hospices de Paris, les représentants des départements intéressés se récuseront ou sauront en quelque sorte se dédoubler, devenir un moment des habitants de Paris, nommer au moins dans les commissions les députés de Paris? Jetez les yeux sur les noms très-honorables de la commission nommée pour examiner la loi qui va être discutée, la loi relative au traité avec le Crédit foncier. J'y vois représentés la Lozère et la Bretagne, deux pauvres pays auxquels il est bien permis d'être un peu jaloux du riche Paris ; Montpellier, Reims, les pays du vin ; Lyon, Autun, Rodez, les pays de la houille. Je n'y vois pas un seul des députés de Paris. Je trouve au rapport cet amendement que j'ai déjà signalé, l'amendement de 27 députés réclamant *l'abaissement de moitié* du droit d'entrée sur les boissons, c'est-à-dire un sacrifice immédiat de 20 millions pour Paris, de 17 millions pour l'État. « Nous avons vivement regretté, dit le rap-« porteur, qu'il ne fût pas possible de faire triompher cette proposi-« tion immédiatement ; nous conservons l'énergique conviction que « son succès n'est ajourné que pour peu de temps. »

Soit ! je suis loin de réclamer contre une diminution des droits d'octroi ; les Parisiens la désirent aussi ; mais je me demande quand la ville sera en état de la supporter, comment on la remplacera, et je n'ai cité cet exemple que pour bien montrer l'opposition inévitable des intérêts et l'usage que les représentants des provinces entendent faire de l'idée qu'il s'agit d'écrire dans la loi, l'idée nouvelle de faire administrer Paris par les élus de Périgueux, de Reims ou de Dunkerque.

Au lieu de créer un tel déplacement de pouvoirs, au lieu d'inventer un contrôle qui sera ou bien une illusion, ou bien un empiétement, au lieu de corriger des exceptions par d'autres exceptions, je demande qu'on ait le courage de rendre Paris aux Parisiens et de revenir au vrai contrôle, seul légitime, seul efficace, au contrôle préalable, quotidien, détaillé, direct et permanent, du contribuable sur la dépense, du mandant sur le mandataire, droit qui est commun à tous les Français, parce qu'il est le droit naturel de tout membre d'une société régulière, le droit du citoyen de voter par ses représentants ce qu'il aura le devoir de payer.

Si la dictature a jamais été nécessaire à Paris, elle ne l'est plus. Si l'on attend pour sortir d'une exception exorbitante et pour rentrer dans la règle que le gouvernement soit puissant et le préfet énergique, le moment est venu. Si la nécessité d'un contrôle et l'impossibilité d'en trouver un plus efficace que celui des électeurs était à démontrer, la démonstration est complète.

L'heure n'est peut-être pas aussi bien choisie pour faire introduire dans une loi par le Corps législatif actuel des réformes qui demandent une grande réflexion. A la fin d'une législature, à la veille des élections générales, pendant le cours d'une session inévitablement distraite et agitée, peut-on espérer qu'une bonne loi d'organisation municipale de la ville de Paris sera élaborée avec maturité, et pourra être rattachée avec un art suffisant à une loi très-compliquée d'emprunt et de finances? Il est permis de concevoir à cet égard quelques doutes et quelques craintes. Les pouvoirs expirants, comm tous les mourants, plus occupés de leur vie future que de la vie présente, introduisent trop souvent dans leurs dernières volontés des dispositions un peu gênantes pour leurs héritiers.

Le plus sage serait d'obtenir du gouvernement l'engagement explicite, *écrit dans la loi*, de présenter d'ici à la fin des pouvoirs de la commission municipale actuelle, c'est-à-dire *avant* 1870, une loi d'organisation de l'administration de Paris, qui ferait sortir cette ville du régime exceptionnel et rendrait aux électeurs, avec les précautions que j'ai indiquées, la nomination du conseil municipal.

La discussion des dépenses de la ville, la critique des conditions du traité projeté avec le Crédit foncier, l'histoire des travaux de Paris, seront assurément utiles et pleines d'intérêt. Mais le passé est passé, et c'est surtout pour l'avenir qu'il est nécessaire de prendre enfin des garanties qu'exigent la justice et même la prudence.

Que l'on permette ces vœux énergiques et que l'on pardonne ces longs détails à un Parisien renforcé, tenté de répéter après Montaigne : « Paris a mon cœur dès mon enfance ; je l'aime tendrement « et jusques à ses verrues et à ses taches. »

AUGUSTIN COCHIN.

PARIS. — IMP. SIMON RAÇON ET COMP., RUE D'ERFURTH, 1.

www.ingramcontent.com/pod-product-compliance
Lightning Source LLC
LaVergne TN
LVHW012025220826
846092LV00001B/495

* 9 7 8 2 0 1 6 1 8 0 8 6 0 *